Karl Rahner

Über die Sakramente der Kirche

Karl Rahner

Über die
Sakramente der Kirche

Meditationen

Mit einem Vorwort von
Karl Lehmann

Herder

Freiburg · Basel · Wien

Neuausgabe

Alle Rechte vorbehalten – Printed in Germany
© Verlag Herder Freiburg im Breisgau 1985
Imprimatur. – Freiburg im Breisgau, den 3. Juli 1985
Der Generalvikar: Dr. Schlund
Herstellung: Freiburger Graphische Betriebe 1985
ISBN 3-451-20546-7

Inhalt

Vorwort von Karl Lehmann 7

Vorüberlegung über die Sakramente
     im allgemeinen 11

Gott liebt dieses Kind
     Zu einer Taufe 23

Auch heute weht der Geist
     Über das Sakrament der Firmung 45

Das Geheimnis unseres Christus
     Die heilige Eucharistie 63

Man darf sich vergeben lassen
     Über das Sakrament der Buße 85

Bergend und heilend
     Über das Sakrament der Kranken 109

Glaubend und liebend
     Zu einer Trauung 129

Die Gnade wird es vollenden
     Zu einer Primiz 143

Vorwort

Immer wieder suchen Menschen Orientierung und Antwort auf ihre Lebensfragen bei Karl Rahner. Sie greifen besonders nach den einfacheren Besinnungen sowie nach den dichten Gebeten. Hier ist in der Tat spirituelles Urgestein. In die Schar solcher Bücher reiht sich auch der vorliegende kleine Band ein, der besonders die Welt der Sakramente erschließen hilft.

Das kleine Buch über die Sakramente umfaßt acht Beiträge aus einem Zeitraum von fast zwanzig Jahren. Sie unterscheiden sich mannigfach. Einigen spürt man noch heute den unmittelbaren Ton der Predigt und die Situation der Verkündigung an, wie z. B. den drei ältesten Besinnungen über die Taufe, die Ehe und die Priesterweihe. Später entstandene Texte enthalten zwar immer eine lebendige spirituelle Mitte, aber auch mehr reflektierte Theologie, wie z. B. die Erwägungen zu Firmung, Buße und Krankensalbung. Alle Texte zusammen bilden jedoch ein Ganzes, das auch durch die einführenden ‚Vorüberlegungen über die Sakramente im allgemeinen‛ sichtbar gemacht wird.

Die einzelnen Besinnungen sind fast alle erstmals als einzelne Geschenk-Bändchen in der Sammlung Sigma im Verlag Ars Sacra (Josef Müller), München, erschienen (1957–1974). Die Bändchen der Sigma-Sammlung im Unfang von 32 Seiten, auf Bütten-Papier gedruckt und mit Original-Graphiken von Jakob Büchel versehen, haben unzählige Leser gefunden. Zu festlichen

Anlässen wurden besonders die schon 1957 erschienenen Bändchen zu Taufe, Ehe und Priesterweihe verschenkt. Da Karl Rahner ein Pauschalhonorar für die
einzelnen Beiträge erhielt, wußte er selbst nicht, wie
hoch die Auflage jeweils und im Ganzen war.

Der Verleger bat Karl Rahner immer wieder um die
Ergänzung zu einem kleinen Buch über die Sakramente. So kam 1959 die Eucharistie hinzu, 1965 folgte
die Krankensalbung. Nach fast zehn Jahren (1974) bildeten die Firmung und die Buße den Abschluß. Mit einer eigens geschriebenen kleinen Einführung über die
Sakramente im allgemeinen erschien im Jahr 1974 ‚Die
siebenfältige Gabe. Über die Sakramente der Kirche‘
(Ars Sacra, Josef Müller, München, 192 Seiten).

Nachdem das kleine Buch seit einer Reihe von Jahren
vergriffen war, ist der Verlag Herder imstande, es der
Öffentlichkeit wieder vorzulegen. Die einzelnen Beiträge sind unverändert geblieben. – In dieser Ausgabe
nicht mehr aufgenommen wurde die ebenfalls als
Sigma-Bändchen veröffentlichte Meditation ‚Ewiges Ja.
Zu einer Profeß‘ (München 1958). Hatte Karl Rahner
1974 (vgl. Vorwort zu ‚Die siebenfältige Gabe‘, S. 5)
noch gemeint, die Predigt zur Ordensprofeß würde
sinnvoll zum Thema des ganzen Buches passen, „das
auch in den Meditationen über die ‚Standessakramente‘
der Ehe und des Priestertums berührt wird", so wollte
er wenige Wochen vor seinem Tod, als diese Neuausgabe besprochen wurde, von einer erneuten Aufnahme
Abstand nehmen.

Die Sakramente sind bei Karl Rahner stets in das
ganze christliche Heilsgeschehen einbezogen. Er hat sie
immer vom besonders dichten und wirksam gesprochenen Wort und von ihrem konkreten Zeichencharak-

ter her verstanden. Zugleich hat er einen wachen Sinn
für das Symbol und die Gebärde, die zum Sakrament
gehören. Es will dem Menschen in seiner leibhaftigen
Realität Heil vermitteln. Darum wurzelt es ganz in der
natürlichen Lebenswelt, ja in der Erde (vgl. z. B. Brot
und Wein), erhebt den Menschen jedoch in ihr und mit
ihr zum Himmel und vor Gott. Karl Rahner verkürzt
nichts, er weiß um die volle Wirklichkeit und die Fülle
des Christlichen. Wir setzen heute gewiß manchmal andere Akzente. So hat die Bedeutung der liturgischen
Gestalt der Sakramente nach ihrer Erneuerung durch
das Zweite Vatikanische Konzil für uns ein größeres
Gewicht. Aber Karl Rahners Meditationen zu den einzelnen Sakramenten zeugen bei aller geschichtlichen
Bedingtheit im Kern von etwas Zeitenthobenem und
Bleibend-Gültigem, das sie auch künftig unentbehrlich
machen wird: Sie eröffnen wahre Zugänge zu den Sakramenten; immer wieder wird der Faden zwischen
menschlicher Grunderfahrung und dem Sakrament
hin- und hergesponnen; mit wenigen Worten trifft er
die religiös und theologisch bedeutsame Mitte. Bei der
unerläßlichen Vertiefung der Hinführung zu den Sakramenten wird das kleine Buch vielen einen äußerst
wertvollen Dienst erweisen. Ein Buch, das nicht alt
wird.

Mainz, im Juli 1985   *Karl Lehmann*

Kleine Vorüberlegung
über die Sakramente im allgemeinen

Bevor wir uns unmittelbar den Glaubenswirklichkeiten zuwenden, die in den einzelnen Sakramenten gegeben sind, sind vielleicht einige allgemeinere Überlegungen nützlich, die sich mit dem Verhältnis zwischen den Sakramenten überhaupt und dem Menschen beschäftigen, der wir alle heute, wenn vielleicht auch durch geschichtliche Ungleichzeitigkeiten in verschiedenem Grad, sind. Ich habe früher einmal von einer „kopernikanischen Wende" im Sakramentenverständnis beim Menschen von Heute gesprochen. Dieses Wort mag schon darum etwas zu pathetisch klingen, weil diese „Wende" ja im überkommenen Glaubensverständnis schon ohne Zweifel angelegt ist. Aber es gibt doch schon eine solche Wende oder sie ist mindestens im Kommen.

Was ist mit dieser „kopernikanischen Wende" im Sakramentenverständnis, in der existentiellen Realisierung des sakramentalen Geschehens gemeint? Um dies zu erklären, fragen wir uns zuerst: Wie empfindet der durchschnittliche Christ meist bis auf den heutigen Tag einen Sakramentenempfang? Man könnte deskriptiv diese Frage vielleicht so beantworten: Der Mensch lebt in einer profanen Welt, äußerlich und innerlich. Für den Christen in dieser profanen Welt hat diese Welt und damit auch er selbst eine Bezogenheit zu Gott. Das richtige Verhältnis dieser empirisch profan bleibenden Welt zu Gott wird durch eine geheimnisvolle, von Gott

immer wieder, aber – auf die Welt bezogen – punktförmig gegebene Qualität, Gnade genannt, hergestellt,
von der wir nur durch verbale Indoktrination von außen her etwas wissen können, die aber in ihrer eigenen
Wirklichkeit jenseits unseres Bewußtseins liegt, so
aber uns heiligt, Gott wohlgefällig macht, mit ihm uns
verbindet. Die Ereignisse, in denen solche Mitteilung
von mit Gott verbindender Gnade geschieht, nennen
wir Sakramente. Unter heiligen, von der Kirche gesetz-
ten Zeichen wird uns solche Gnade gegeben.

Der durch den Katechismus religiös gut gebildete
Christ weiß zwar – aber im Bezug auf die Sakramente in
einer selten geöffneten Schublade seines theologischen
Wissens –, daß es eine habituelle, bleibende Rechtfer-
tiungsgnade gibt, aber für das Verständnis der Sakramente kommt die höchstens als Vorbedingung des
Empfangs einzelner Sakramente in Betracht. Der Empfang der einzelnen Sakramente bleibt ein gewissermaßen von außen kommendes, punktförmiges Geschehen, in dem Gnade gegeben wird, die aber selbst
gleichsam jenseits der erfahrbaren Existenz des Menschen bleibt, auch wenn das glaubensmäßige, von außen vermittelte Wissen um dieses bewußtseinsjenseitige, durch sakramentale Zeichen inaugurierte Gnaden-
geschehen gleichsam nachträgliche Effekte des Trostes,
der Ermunterung, der moralischen Antriebe bewirken
kann. Ich glaube, daß, wenn auch wenig pointiert, das
herkömmliche Sakramentenverständnis damit be-
schrieben ist.

Das Sakrament ist eine raumzeitliche punktförmige
Intervention Gottes von außen, in der unter von Christus verordneten Zeichen Gnade verliehen wird, die
zwar heilsentscheidend ist, aber als solche selbst jen-

seits des „profanen" Bewußtseins bleibt. Ist dieses Sakramentenverständnis nun glaubenswürdig verbindlich und entspricht es der Mentalität des Menschen von heute? Ich glaube, man kann auf diese Doppelfrage ruhig mit einem Nein antworten. Es ist auch ein anderes Sakramentenverständnis möglich, das sich von durchaus traditionellen Daten der Theologie und der Glaubenslehre herleiten kann und der Mentalität des heutigen Menschen besser entspricht.

Den Übergang von dem beschriebenen traditionellen Sakramentenverständnis zu dem jetzt angezielten nannten wir eine kopernikanische Wende. Was ist mit dem neuen Sakramentenverständnis genauer gemeint? Wie schon gesagt, ist an keine Neuheit gedacht, die in den traditionellen Daten des Glaubens und der Theologie keine Grundlage hätte. Insofern kommt es auf den Namen n e u gar nicht an. Gemeint ist vielmehr, daß die Geltendmachung einiger Glaubenseinsichten der Theologie ein Verständnis der Sakramente erlauben könnte, das sich vom traditionellen Verständnis abhebt und doch durchaus im Rahmen der Orthodoxie bewegt. Um dies wenigstens andeutungsweise verständlich zu machen, gehen wir von 2 Sätzen aus: Gnade ist *überall,* als innerste von vornherein durch Gott der Welt und der Geschichte eingestiftete Entelechie von Welt und Menschheitsgeschichte; Gnade (im strengsten theologischen Sinn des Wortes) ist zwar kein punktförmiges Einzeldatum innerhalb des Bewußtseins, aber darum dennoch nicht eine sachhafte, bewußtseinsjenseitige Wirklichkeit, sondern die umfassende, radikale Eröffnung des *ganzen* menschlichen Bewußtseins auf die Unmittelbarkeit Gottes hin, eine Eröffnung, die getragen ist durch die Selbstmitteilung Gottes selbst.

13

Diese beiden Sätze müssen wir noch etwas auszulegen versuchen.

Gnade ist überall als, wenn auch ungeschuldete, Dynamik aller geschaffenen Wirklichkeit auf Gott selbst hin. Gnade ereignet sich nicht punktförmig da und dort in einer im übrigen profan und gnadenlos existierenden Welt. Natürlich kann man mit Recht von raumzeitlich punktförmigen Gnadenereignissen sprechen. Diese beziehen sich aber dann, genau gedacht, auf die existentielle, geschichtliche *Annahme* dieser Gnade durch die Freiheit des Menschen; die Gnade selbst ist entweder im Modus der bloßen Vorgegebenheit oder im Modus der Annahme oder im Modus der Ablehnung die innerste Entelechie überall dort, wo Geist, d. h. Offenheit und Selbstgegebenheit der Wirklichkeit auf Gott hin, wo Transzendentalität gegeben ist, die durch die Gnade auf den unmittelbaren Besitz Gottes selbst hin radikalisiert ist. Gott ist das Ziel der geistigen Welt, indem er aus der innersten Mitte dieser Welt heraus diese Bewegung auf ihn selbst hin trägt. Und eben diese Radikalisierung dieser Bewegung der geistigen Welt aus ihrer innersten Mitte heraus heißt Gnade. Sie selber ist darum immer und überall, auch wenn die Freiheit des Menschen in Schuld zu ihr Nein sagen kann, so wie die Freiheit des Menschen gegen den Menschen selber protestieren kann. Durch diese Immanenz der Gnade in der geistigen Welt immer und überall wird diese nicht ungeschuldet, weil eben die Unmittelbarkeit Gottes aus seiner sich selber gebenden Liebe heraus nicht einklagbar ist. Diese Immanenz der Gnade immer und überall hebt die Heilsgeschichte als Geschichte nicht auf, weil diese Geschichte die Geschichte der Annahme der Gnade durch die geschichtliche Freiheit des Menschen und die Geschichte des immer mehr zu sich selber kommenden Geistes *als* des begnadeten ist.

Damit ist eigentlich auch schon gesagt, was als kurze Interpretation dem zweiten Satz hinzugefügt werden muß. Es gibt natürlich in der Welt und im Menschen die verschiedensten Wirklichkeiten, die man gnadenhafte Gnade nennen kann. Ein gutes Wetter, das gute Stimmung macht, die selber wieder zu einem liebevoll freundlichen Verhältnis zu einem anderen Menschen führt, ist z. B. auch etwas, was man durchaus sinnvoll Gnade nennen und als solche erleben kann. Wenn aber in einem absolut streng theologischen Sinn von Gnade schlechthin gesprochen wird, wenn in diesem Sinn gesagt wird, daß die Sakramente Gnade vermitteln, dann ist von dem die Rede, was die Theologie die „heiligmachende Gnade" oder deren „Vermehrung", d. h. existentiell radikalere Annahme dieser Gnade nennt. Die heiligmachende Gnade ist aber unbeschadet dessen, daß sie kreatürliche Auswirkungen im Menschen hat, ursprünglich die „ungeschaffene Gnade", der sich dem Menschen selbst mitteilende Gott, damit Gott selbst in sich das Ziel und die innerste Kraft der Bewegung auf dieses Ziel hin sein könne, ohne die der Mensch gar nicht Gott als *sein* Ziel haben könnte. Diese, Gnade genannte, innerste und umfassende Bewegung des Geistes auf Gott hin durch Gott bis zur Unmittelbarkeit Gottes, Gottesschau als Vollendung des Menschen genannt, ist nun aus ihrem Wesen heraus kein gegenständliches Einzeldatum des Bewußtseins, weil sie ja die Radikalität des Bewußtseins selbst in Erkenntnisdynamik und Freiheit ist. Aber sie ist dennoch nicht eine einfach bewußtseinsjenseitige Wirklichkeit.

15

Überall dort, wo der Mensch als ganzer in Freiheit sich selbst erfährt und wagt, wo er sich in Hoffnung einer ihn eigentlich überfordernden, innerweltlich nicht mehr adäquat legitimierbaren Aufgabe stellt, wo er hofft wider alle Hoffnung, wo er zu lieben wagt in einer ihn eigentlich überfordernden Weise, wo er an das Licht glaubt, obwohl es Nacht ist, an den Sinn, obwohl alles sinnlos zu werden scheint, wo er kapituliert und diese Kapitulation als seinen endgültigen Sieg glaubt, da wird jene radikalisierte Transzendentalität des Menschen in das unbegreifliche Geheimnis Gottes erlebt, da wird Gnade erfahren, auch wenn sie vielleicht als solche nicht reflektiert und verbalisiert und so zu einem Gegenstand thematischer Begrifflichkeit gemacht werden kann. Gnade ist überall und sie wird, obzwar meist namenlos, erfahren, was nicht notwendig heißt, daß sie angenommen wird und so den Menschen rechtfertigt. Denn so wie der Mensch sich selber verzweifelt hassen kann, so kann er auch in einer verzweifelten und feigen „Bescheidenheit" jene höchste Würde verneinen, die als Gnade ihn hinordnet auf die Unmittelbarkeit Gottes hin, und die dann bei solchem Nein über ihm immer noch als sein Gericht waltet.

Nun können wir einen Schritt weitergehen. Wir haben schon gesagt, daß diese immer und überall gegebene und zu den bleibenden Existentialien des faktischen Geistes des Menschen gehörende Gnade dennoch eine Geschichte haben könne und habe, eben die der freien Annahme durch den Menschen und die Menschheit und die Geschichte des immer reflexeren Zusichselberkommens des Menschen *als* des begnadeten, das wir, durch diese Gnade selbst auf ihr Ziel hin gesteuert, Offenbarungsgeschichte nennen.

Wir können uns hier nur mit der Geschichte der Annahme der Gnade im individuellen Leben des Menschen befassen. Den Akt der Annahme jener letzten
gnadenhaften Dynamik auf die Unmittelbarkeit Gottes
hin im individuellen Leben des Menschen pflegt man
Heilsakt in Glaube, Hoffnung und Liebe zu nennen.
Ein solcher Heilsakt ist von der Natur des Menschen
her immer vermittelt durch eine Stellungnahme zu einer innerweltlichen Wirklichkeit (letztlich zum Nächsten), an der der Mensch sein Ja oder Nein zu seiner
Verwiesenheit auf die Unmittelbarkeit Gottes zu seinem begnadeten Wesen spricht, weil er diese Verwiesenheit nur bewußt und frei hat in einem Verhältnis zu
innerweltlichen Wirklichkeiten. Darum ist seine Geschichte die Geschichte seines freien Verhältnisses zu
seiner begnadeten Transzendentalität, ist Heilsgeschichte. In geschichtlichen Taten und Vorgängen wird
somit sein Verhältnis zu Gott geschichtlich greifbar,
tritt in Erscheinung. Seine sittlichen Taten sind die
Leibhaftigkeit, das Zeichen seines letzten Verhältnisses
zu Gott. Diese Zeichen, unter denen als ihrer Leibhaftigkeit das letzte Ja oder Nein zur Selbstmitteilung Gottes in der Gnade gesprochen wird, sind natürlich meist
nicht eindeutig *als* solche Zeichen der heilshaften Annahme der Gnade deutbar. Wenn der Mensch auf sie
prüfend reflektiert, bleibt zumindest meistens eine
Zweideutigkeit, und zwar sowohl von ihnen selbst her,
als auch hinsichtlich der Frage, ob sie, wenn sie an sich
einen positiven Verweis auf Gott haben, auch wirklich
vom Menschen *als* solche gesetzt sind. Solche sittlichen
Taten brauchen nun nicht notwendig und explizit eine
religiöse Thematik haben. Sie können als Leibhaftigkeit
und geschichtliche Greifbarkeit und Zeichenhaftigkeit

der Annahme der Gnade auch dort geschehen, wo ohne
eine ausdrücklich religiöse Thematik die Freiheit des
Menschen dem absoluten Spruch des Gewissens bedingungslos gehorcht und so, wenn auch unthematisch
und unreflektiert, das bejaht und annimmt, was wir
Gott und die radikale Befreitheit des Menschen auf
Gott selbst hin durch seine Gnade nennen.

Bevor wir nun von diesem Punkt her ein grundsätzli-
ches Verständnis dessen erreichen können, was mit
christlichen Sakramenten gemeint ist, muß noch auf
zweierlei hingewiesen werden. Menschliche Taten geschehen immer im Bereich der Zwischenmenschlich-
keit, haben für diese eine Bedeutung, bedeuten immer
auch Mitteilung an andere und sind immer auch mitge-
staltet durch die vorgegebene zwischenmenschliche
und gesellschaftliche Situation, in der ein Mensch lebt
und handelt. In Christus Jesus, dem Gekreuzigten und
Auferstandenen, ist geschichtlich greifbar in Erscheinung getreten, daß die von der Gnade immer und überall getragene Heilsgeschichte der Menschheit als
ganzer trotz ihrer mit der Freiheit des Menschen an sich
gegebenen Ambivalenz zwischen Heil und ewiger Verlorenheit in ein Stadium eingetreten ist, in dem diese
Geschichte als die der Menschheit im Ganzen nicht
mehr ihr Ziel verfehlen kann, unbeschadet der Freiheit,
mit der die einzelnen Teilnehmer an dieser menschheit-
lichen Heilsgeschichte handeln. Darum nennt man
Jesus Christus das Ursakrament des Heils, d. h. eben jenes geschichtliche Ereignis, in dem als geschichtlichem
Zeichen der zwar freie, aber durch alle Schuld der
Menschheit hindurch sich siegreich durchsetzende
Heilswille Gottes, der als Gnade der Welt von Anfang

18

eingestiftet ist, sich zur eindeutigen geschichtlichen Erscheinung bringt und sich in der Welt selbst und nicht nur im weltjenseitigen Willen Gottes festmacht. Die *Kirche* als die gesellschaftlich verfaßte Präsenz Christi durch alle Zeiten bis zum Ende kann darum mit Recht das Grundsakrament des Heils der Menschheit genannt werden, d. h. sie ist das unaufhebbare bleibende, dauernd Christus in der Welt präsent machende Zeichen dafür, daß die gnadenhafte Entelechie der ganzen Geschichte, die diese in Gott selbst hineinführt, wirklich in der Welt durch alle Schuld und Finsternis hindurch siegreich sein wird und wirklich als Heil und nicht als Gericht in der Welt sich in deren Vollendung hinein durchsetzen wird.

Jetzt, meine ich, können wir ein grundlegendes Verständnis der Sakramente erreichen, auch wenn leider alles etwas schnell gehen muß. Wenn die Kirche als das Grundsakrament sich in entscheidenden Situationen des menschlichen Lebens (individuell und kollektiv gemeint) dem Menschen mit einem absoluten Engagement ihres Wesens *als* des Grundsakramentes des Heiles zusagt, geschichtlich und leibhaftig, also in Wort und Tat, und wenn der Mensch diese Heilszusage der Kirche auch als die Erscheinung der Annahme seiner inneren Gnadendynamik annimmt und vollzieht, dann haben wir das, was mit den Sakramenten der Kirche gemeint ist. Wir können diese allgemeine Wesensbeschreibung der Sakramente hier nun nicht genauer erläutern, können sie nicht entfalten auf die einzelnen Sakramente der Kirche hin, können nicht zeigen, daß und wie von diesem Ansatzpunkt her auch ein geschichtlich richtiges Verständnis der kirchlichen Lehre erreicht werden kann, daß Jesus der Stifter der Sakramente ist und als solcher ihnen ihre Gnadenkraft verliehen hat.

Es muß aber wegen unserer kommenden Überlegungen über die Eucharistie noch oder noch einmal ein Doppeltes betont werden. Zunächst: von unserem Ansatzpunkt her wird verständlich, was wir eingangs die kopernikanische Wende im Sakramentenverständnis genannt haben. Die Sakramente sind zunächst einmal die geschichtlichen Erscheinungen der immer und überall in der Welt wirkenden Gnade. Insofern sie an dem Ursakrament Christus und an dem Grundsakrament Kirche partizipieren, sind sie zweifellos geschichtliche Erscheinungen der Gnade, die einen besonderen Charakter haben und sich so von jenen immer ambivalent bleibenden Erscheinungen der Gnade unterscheiden, die in jeder positiv sittlichen Tat gegeben sind, so daß von da aus (nebenbei bemerkt) auch verstanden werden könnte, was mit „opus operatum" gemeint ist. Das alles aber ändert nichts an der Grundtatsache, daß die Sakramente zunächst einmal als kirchengesellschaftliche Erscheinungen und geschichtliche Verleiblichungen *jener* Gnade gesehen werden müssen, die *überall* am Werke ist in der Geschichte der Menschheit und sich, wenn auch in sehr differenzierter Weise, dort geschichtlich zur Erscheinung bringt, wo immer das Gute getan und darin in unsäglicher Weise Gott selbst in Glaube, Hoffnung und Liebe erstrebt wird. Was in den Sakramenten erscheint, ist also gerade das innerste Wesen der Weltgeschichte der Menschheit, insofern deren innerste Entelechie Gott selbst ist, und so die Geschichte zu Gottes Geschichte selber macht.

Zweitens: Wenn somit das ursprünglichste Wesen

der Sakramente in ihrer Zeichenhaftigkeit gesehen wird, wenn die Sakramente bei aller geschichtlichen Bedingtheit dieser Zeichen letztlich doch Zeichen sind, die die Gnade für sich aus ihrem eigensten Wesen heraus schafft, dann ist damit nicht geleugnet, daß diese Zeichen *wirksame* Zeichen sind und nicht bloß nachträgliche Verlautbarungen einer Wirklichkeit, die ebensogut ohne eine solche Verlautbarung existiert und zu ihrer Wesensvollendung kommt. Die Gnade ist inkarnatorische Gnade Christi, die Fleisch und Geschichte von ihrem Wesen her sein will. Und sie schafft ihre Annahme durch den Menschen aus ihrer inneren Kraft und setzt sich als angenommene in der Welt präsent, *indem* sie ihre geschichtliche greifbare Annahme in den Sakramenten bewirkt, so daß man auch durchaus sagen kann, das Zeichen sei die *Ursache* des Bezeichneten, wie es selbst umgekehrt *Wirkung* des Bezeichneten ist. Worauf es im letzten hier ankommt, ist die schlichte Einsicht, daß, wenn wir die Eucharistie wirklich verstehen wollen, wir sie als die Erscheinung jener geheimnisvollen Gnade sehen dürfen, die unauffällig unser ganzes Leben durchwaltet, als festliches Inerscheinungbringen in der Gemeinschaft der Kirche dessen, was im grauen und bitteren Alltag des Lebens zum Sieg kommen will.

Gott liebt dieses Kind

Zu einer Taufe

Zu einer Taufe sind wir zusammengekommen. Das Kind, an dem in dieser Stunde das Größte geschehen soll, weiß von diesem Ereignis nichts. So nehmen wir wenigstens an. Jedenfalls ist ihm noch verborgen, was hier greifbar in menschlichen Handlungen und Worten geschieht, wenn wir auch nicht so sicher wissen, ob nicht in den ergründlichen Tiefen seines Geistes, von denen wir nicht sagen können, wann sie zum ersten Mal bei sich waren, doch schon das Licht der Gnade so brennt, daß es, obzwar unsagbar und unabgehoben, diesem Geiste bereits leuchtet. Sei dem, wie es wolle, darauf kommt es nicht an. Das Eigentliche und Entscheidende ist dies: hier handelt Gott an einem Menschen. Wo ein Mensch schon zur Tat seiner Freiheit aufgewacht ist, wo er sein eigenes Wesen schon in die Verfügung seiner Freiheit gebracht und sich selbst eingenommen hat, da handelt Gott nur in der Weise einer dialogischen Partnerschaft. Da gehen Worte der freien Liebe hin und her. Da ruft er an, damit ihm geantwortet werde, ja da ruft er in der Antwort, da ist er nahe, indem er gehört und geliebt wird vom Menschen, da ist seine Tat darin, daß er unser Tun bewirkt. Aber auch dann spricht er das erste Wort. Immer und überall, wo ein Mensch seinem Gott begegnet, findet er ihn, weil Gott den Menschen gesucht hat. Immer ist die Tat des Menschen das freie Gewährenlassen der Tat Gottes an ihm. Denn Gott ist – Gott, also der Erste, der Souveräne, Gnade, die unergründlich und unverdienbar ist, die uns immer zuvorkommt.

Weil dem aber so ist, darum kann auch ein Kind getauft werden. Selbst insofern, als es unmündig und der Selbstverfügung noch nicht fähig ist. Gott handelt an ihm. Und weil er ja doch immer uns zuvorkommt, spielt der zeitliche Abstand – ob größer oder geringer – zwischen seinem machtvollen, lebenspendenden Wort und unserer lebendigen Antwort keine Rolle. Was in der Kindertaufe sich begibt, das offenbart nur deutlicher, was sich immer zu unserem Heil ereignet: Gott kommt uns zuvor, Seine Gnade umfängt uns, bevor wir sie rufen, Er ist schon bei uns eingekehrt, damit wir an seiner Türe klopfen können, Er hat uns schon gefunden, damit wir ihn suchen können. So handelt Gott schon an diesem Kind, damit Er, wenn es einmal erwacht zu seinem geistigen Selbstbesitz und zu der Liebe, schon der Himmel sei, der sich über diesen jugendlichen Tag eines Lebens wölbt.

A ber was tut denn Gott im Sakrament der Kirche an diesem Kind, damit es später das Seine tun könne? Was geschieht denn von Gott her in der Taufe? Was die Menschen da tun als Verlautbarung, als Zeichen auf der Oberfläche des Daseins für das verborgene Handeln Gottes, das ist uns allen bekannt. Es ist eben die Taufe, die Abwaschung eines Menschen mit dem köstlichen Wasser und unter dem Wort, das dieses Leben dem Vater und dem Sohn und dem Heiligen Geist weiht. Aber was tut Gott unter solchem Zeichen?

Das ist gar nicht so leicht zu sagen. Nicht bloß darum, weil die Tat seiner personalen Liebe als die Tat des unendlichen, unbegreiflichen Gottes notwendig ein unübersehbares Geheimnis ist und wir darum nur dann etwas davon begriffen haben, wenn wir ahnen, daß es unsagbar und namenlos ist. Sondern auch aus einem anderen Grunde: Gott liebt dieses Kind, das getauft wird, ja nicht erst vom Augenblick der Taufe an. Sondern weil er es liebt, darum kommt es ja durch Gottes gnädige Vorsehung als Kind einer christlichen Familie zur Taufe. Gott liebt dieses Kind von Ewigkeit her. Er hat von Ewigkeit zu Ewigkeit gedacht. Er hat nie auch nur einen Moment gelebt, gedacht und geliebt, ohne daß ihm dieses Leben, diese Person und ihr ewiges Geschick gegenwärtig gewesen wäre, umfangen von seiner alles erschöpfenden Erkenntnis und eingeschlossen in seine göttliche Liebe. Er hat dieses Kind von Ewigkeit her gesehen als jemand, der zur Gemeinschaft des ewigen Logos selbst gehört. Denn Gott wollte in seinem ewigen Wort, in dem er sich immerdar aussagt, sich hinaussagen in das Nichtgöttliche, das Nichtige und Leere, Er wollte sich verschwenden als die Liebe, die er ist, an das, was solche Liebe nicht von sich aus fordern kann. Er wollte sich entäußernd aussagen. Das ist die Urregung Gottes, der tragende Grund allen Tuns Gottes nach außen: das Wort, das Fleisch wird, das göttliche Wort, das ertönt in der schweigenden Wüste des Nichtgöttlichen als ein Mensch. Weil Gott so sein wollte, gibt es Welt, gibt es andere Menschen, gibt es diesen Menschen da. Er ist von vornherein gesehen und gewollt als Bruder des menschgewordenen Wortes Gottes, als einer, der dazu da ist, daß Gott dort ein Wort brüderlicher Liebe tauschen könne,

wohin er sich selbst in seiner Selbstentäußerung bege-
ben hat. Darum war dieses Kind immer schon umfangen von der Liebe Gottes, von einem lauteren Ja Gottes
zu ihm. Darum hatte diese Liebe immer schon dieses
Kind trotz der Erbschuld des Geschlechtes, in dem es
geboren ist, erwartet und es nur im Raum göttlicher
Heilssorge ins Dasein treten lassen. Darum würde Gott
auf jeden Fall diesem Menschen die Frage Seiner unendlichen Liebe stellen, wenn er einmal erwacht zur
Verfügung über sich selbst, und ihm seine ganze Herrlichkeit als das ewige Leben anbieten. Wenn dem so ist,
dann ist es nicht so leicht zu sagen, was hier noch geschehen kann, da der Anfang dieses Daseins schon
überglänzt war vom Heilswillen Gottes, und da dieser
Liebeswille Gottes auf jeden Fall diesen Menschen in
seinem Leben noch finden würde zu seinem Heil (oder
zu seinem Gericht).

Aber wenn wir diese Frage erheben, ist sie zunächst
einmal selbst eine selige Gewißheit, die nicht unwichtig
ist für das rechte Verständnis der Taufe. Gerade weil
das Licht des göttlichen Wortes jeden Menschen erleuchtet, gerade weil Gott will, daß alle Menschen selig
werden und zur Erkenntnis der Wahrheit gelangen, gerade weil die Huld Gottes mächtiger und überströmen-
der ist als alle Schuld, gerade weil Gott nicht nach Maß
gibt, darum können wir darauf vertrauen, daß hier, wo
die Gnade Gottes angerufen wird über diesem Kind,
wirklich solcher Ruf nicht ungehört verhallt, sondern
gehört und erhört wird. Hier wird in allem Ernst ein
gnädiger und barmherziger, ein weiser und gütiger
Gott angerufen. Er hat durch seinen Sohn, durch dessen Kreuz und Auferstehung uns gesagt, daß er der Vater der Erbarmung und der Gott allen Trostes uns sein

wolle. Er hat uns gezeigt, daß er, da wir Sünder waren, uns dennoch geliebt hat und sich in seinem eigenen göttlichen Leben in die Finsternis unseres Daseins hineinbegeben hat, um nie mehr fortzugehen. Und darum haben wir das getroste Vertrauen auf den Gott der Gnade über allem dunklen Menschenschicksal vom Anfang bis zum Ende.

Darum aber wissen wir auch: wenn er mit seinem Wort und auf sein Geheiß angerufen wird über einem Menschenleben, wenn gerufen wird der Vater der Erbarmung, wenn beschworen wird der Sohn, der unseres Schicksals geworden ist, um es ins Selige zu wenden, wenn herbeigezogen wird der Heilige Geist, der heiligt und neu macht und die Selbstpreisgabe Gottes an den Menschen ist, dann geschieht auch, was gesagt wird, dann ereignet sich, was im Wort ausgesagt ist. Es ist ja nicht so, daß in einem solchen Leben nichts mehr an Göttlichem geschehen könnte, weil es ganz von Gottes gnädigem Willen umfangen ist. Dieses Leben ist ja von Gott gewollt als zeitliches, als Geschichte. Diese zeitliche, sich selbst noch zeitigende Geschichte ist nicht nur der Schein, der ein immer Gleiches verdecken würde. Es ist Gottes Geschichte und Gottes Zeit selbst, die göttliche Geschichte des Heiles und der Gnade, die geschehen muß in der Zeit. Sie beginnt, sie wächst, sie reift, sie vollendet sich in einer Ewigkeit, die nicht nur die Wahrheit, sondern auch die wirkliche Frucht der Zeit ist und der Geschichte. Darum kann gar nicht alles schon immer von Gott her mit diesem Kind geschehen sein, bevor wir und es in unserer Zeit zu leben beginnen. Er mit seiner Tat geht ein in diese Zeit, wie der Sohn wirklich in die irdische Stunde und den irdischen Raum unter dem grenzenlosen Himmel sich hineinwagte, da er geboren wurde aus dem Weibe und starb unter Pontius Pilatus. Gewiß steht darum Gott am Anfang aller solchen Zeit und umfaßt schon in seiner Liebe all das, was darin werden soll. Wir können vielleicht nicht so genau in jedem Fall sagen, was an göttlicher Tat diesem, was jenem Augenblick solcher fließender Zeit angehört. Aber wir wissen, daß Gottgeschichte in dieser Zeit sich ereignet. Und darum können wir auch wirklich den Mut haben zu sagen, was in diesem Augenblick, da ein Kind getauft wird, sich ereignet.

Wir haben es dabei eigentlich leicht. Wenn wir die zeitliche Geschichte ernst nehmen, dann dürfen wir zwar nicht den Augenblick verfrühen, weil jeder seinen eigenen Platz hat und darin das, was gerade in ihm geschehen soll. Aber wenn wir die geistige Geschichte ernst nehmen, dann ist es ja nicht so, daß der Augenblick, der gekommen ist, wieder verginge. So wie ein Schicksal beginnt, das nie mehr aufhört, wenn ein Mensch gezeugt wird, so ist jeder Augenblick der Geschichte einer geistigen Person eigentlich der Anfang einer Ewigkeit, der immer noch in jedem kommenden Augenblick als geheime Essenz aufbewahrt bleibt. Darum können wir getrost von der Taufe und ihrer Wirkung sprechen. Was hier geschieht, geschieht spätestens hier und wird hier offenbar. Und wenn es offenbar wird, dann wächst zumindest, was schon vorher geschah. Wenn ein Erwachsener getauft wird, dann ist er wohl so gut wie in allen Fällen schon, was er in der Taufe wird: ein Glaubender und durch den heiligen Gottesgeist Geheiligter und Gerechtfertigter. Und doch wird darum in einem solchen Fall die Taufe nicht zur leeren Zeremonie: Was schon früher zu sein begann,

setzt sich selbst als das Alte und für alle Augenblicke
der Zeit und für die Ewigkeit und als Ewigkeit Gegebene neu, offenbart sich in jenen Dimensionen der Zeichen und Schatten, unter denen wir leben, verwurzelt
sich tiefer im letzten Grund des Menschen, entfaltet
sich mehr in alle Dimensionen des menschlichen Lebens, so daß es noch genau so sinnvoll ist, einen schon
Glaubenden und Liebenden zu taufen, wie ein Kind,
das noch am Anfang seines vergöttlichten Daseins
steht.

Vielleicht schon ungeduldig geworden, fragen wir
nun also: was geschieht in der Taufe?

Von außen gesehen handelt es sich zunächst um einen Akt der Kirche. Sie tauft durch den, der sie repräsentiert: den Priester. Die Taufe ist das Tor zur Kirche.
Dort, wo diese Wirkung nicht durch den greifbaren
Unglauben der Getauften gehindert wird (und das kann
bei einem Kind ja gar nicht der Fall sein), ist die Taufe
der Akt, durch den ein Mensch in die sichtbare Gemeinschaft derjenigen eingegliedert wird, die die Kirche Jesu sind, die Kirche derer, die sich zu Jesus
Christus, dem Gekreuzigten und Auferstandenen bekennen und im Dienst des einen und lebendigen Gottes, der sich in unserem Herrn geoffenbart hat, die
Vollendung in der Wiederkunft Christi erwarten. Dieses Kind wird also, wenn es getauft sein wird, zur Kirche gehören, zur einen, apostolischen, katholischen,
römischen Kirche. Es braucht nicht gefragt zu werden,
ob es ihr angehören will. Es ist auch nicht gefragt wor-

den, ob es ein Mensch sein und in dieses dunkle Dasein eintreten will. Das Höchste wird dem Menschen immer so gegeben und auferlegt, daß er sich vor dem Gegebenen und Auferlegten entscheiden muß, wie er sich dazu verhalten will. Und da Gott alle zu seiner Kirche berufen hat, da sie die Arche des Heiles und die Gemeinde der selig Erlösten ist, da sie auf jeden Fall zur unausweichlichen Frage für jeden Menschen wird (selbst dort noch, wo er gar nichts von ihr ausdrücklich weiß), darum ist es kein Unrecht und keine Vergewaltigung, wenn die Kirche, von Gott gesandt und nicht in sich selbst erteilter Vollmacht, schon in den Morgen eines Lebens eintritt mit der in menschlichem Wort proklamierten Forderung, die der heilige Gott und Schöpfer jedes Menschen auf jeden Fall an jeden Menschen richten wird. Das freie Ja zu dem, was schon geschah, ist dem Menschen dadurch ja nicht genommen, nicht abgenommen und nicht verwehrt, so wenig wie das Ja zu seinem menschlichen Dasein, das ihm ungefragt gegeben wurde, und das dennoch zu seinem Heil von ihm angenommen werden muß oder zu seinem Unheil seinen unendlichen Protest erfährt. Der Mensch wird durch die Taufe ein Glied der Kirche.

Aber diese Kirche ist die heilige Kirche. Sie ist die geschichtliche Greifbarkeit des Heilswillens Gottes, die Inkarnation seiner Gnade, weil sie die Fortsetzung der geschichtlich greifbaren Anwesenheit des menschgewordenen Wortes Gottes in der Welt ist. Und darum bedeutet diese Eingliederung in die Kirche Christi, sofern sich die innere Entscheidung des Menschen dagegen nicht verschließt, Anteilnahme an dem heiligen Geist dieser Kirche, Anteilnahme an Christus, Gnade und Rechtfertigung. Die Zugehörigkeit zur Kirche

kann durch Unglauben und Spaltung aufgehoben werden. Die Taufe selbst aber ist dadurch nicht rückgängig
gemacht und aufgehoben. Der Mensch bleibt ein der
Kirche Verpflichteter, er behält die dauernde Hingeord-
netheit auf die Gemeinde des Herrn. Dieses bleibende
geistige Siegel ist darum auch die dauernde Grundlage
für das Anrecht auf die Teilnahme an dem heiligen
Geist der Kirche, an Gnade und Rechtfertigung, die
dem Menschen in der Taufe geschenkt werden.

Heiligmachende Gnade nennen wir diese innere und
letzte Wirkung, die Gott unter dem Zeichen der Taufe
im Menschen vollzieht. Ach, wir müßten aber besser
begreifen, was damit gesagt ist. Suchen wir einmal von
einem Gesichtspunkt aus auf dieses Geheimnis unseres Glaubens und unseres Lebens zu blicken, der uns
weniger durch seine Geläufigkeit die Mühe zu ersparen scheint, genau zu sehen. Wir sind uns ein Geheimnis. Es ist uns keine bleibende Stätte gegeben. Alles,
was wir tun, erfahren und erreichen, sind immer nur
Vorläufigkeiten; es ist immer wenig Licht um uns inmitten einer grenzenlosen Finsternis. Wir sind die, welche nie aufhören können, die immer weiterwandern,
weiterfragen, für die jede Klarheit, jedes Ergebnis nur
der Zwang ist, die neue Frage und die neue Aufgabe zu
sehen. Wir sind die Unersättlichen, die – Unendlichen.
Die Unendlichkeit nicht der Fülle und des seligen Besit-
zes, sondern die Unendlichkeit der Möglichkeiten, der
Ansprüche und der Sehnsucht. Wenn einmal das letzte
Tor in diese Unendlichkeiten der weiten Sehnsucht und
des alles überfordernden Verlangens endgültig und
eindeutig – was nur durch unsere Schuld geschehen
kann – zugeschlagen und verrammelt wäre, dann wären wir die zu unserer Endlichkeit Verdammten, die

33

ewig Verlorenen. Nun aber sind wir noch die Pilger, die
Unendlichkeiten vor sich haben, die Menschen der Unendlichkeit. Werden wir einmal ankommen? Werden
wir die Fülle finden? Wird die Dämmerung einmal dem
ewigen Tag weichen? Weil wir immer nur endliche Erfüllung erfahren haben, die also eigentlich keine ist,
quält uns die Angst, die Vollendung, die Fülle, das
Ende und das Angekommensein müßten enttäuschen,
es könne gar nichts geben, was ewige Sättigung und selige Vollendung wäre. Aber weil wir wissen, daß wir in
dieser unendlichen Bewegung auch nicht ins Leere laufen können, weil wir glauben, daß alle Sehnsucht von
der Wahrheit einer Verheißung lebt und keine Finsternis und Leere als solche empfunden und erlitten werden könnte, gäbe es nicht das unendliche Licht und die
uferlose Fülle, darum müssen wir uns ungestillten Unersättlichen immer wieder sagen: wir sind die Unendlichen unbegrenzter Möglichkeiten, weil wir die Berufenen unermeßlicher Erfüllung sind. *Wie* diese Erfüllung,
ohne die wir sinnlos wären, konkret sein wird, das können wir von uns aus nicht wissen. Wir wissen es aus
der Botschaft des Evangeliums Christi. Darin wird uns
ein Doppeltes gesagt: Diese Erfüllung ist das unendliche Leben Gottes selbst, das uns mitgeteilt wird, durch
das wir wiedergeboren werden, das uns zu Söhnen und
Miterben mit *dem* Sohn macht, das den Geist Gottes
ausgießt in unsere Herzen, das uns teilnehmen läßt an
der göttlichen Natur. Und diese Erfüllung ist nicht nur
bloße Wortverheißung für die Zukunft, Versprechen,
dessen Einlösung in dem Kommenden liegen würde.
Diese Erfüllung ist schon da. Noch verborgen, noch ge-
glaubt und nicht genossen. Aber angekommene Zukunft, schon eingesenktes Leben Gottes, schon jetzt

ausgegossener Heiliger Geist, schon Sohnschaft, so
daß nur noch offenbar werden muß, was wir schon
sind. Und diese Erfüllung unendlicher Sehnsucht mit
dem Leben Gottes selbst, das jetzt schon, wenn auch
nur dem Glauben bewußt, gegeben ist, nennen wir die
heiligmachende Gnade.

Und sie wird diesem Kind in dieser Stunde zuteil,
weil es aufgenommen wird in die heilige Gemeinde der
Gerechtfertigten und Geheiligten, die Kirche. So ist dieses Kind wirklich unendlich mehr als ein naturhafter
Mensch. Es beginnt den Weg seines Daseins so, daß er,
wenn wirklich zu Ende gegangen, einmündet in die Unendlichkeiten Gottes. Es besitzt jetzt schon ein Leben,
in das Gottes eigene Herrlichkeit eingegangen ist, es
setzt das Leben des Sohnes des Vaters in dieser Zeit
fort, es hat schon den Anfang und das Angeld der ewigen Herrlichkeit. In ihm ruft schon der Geist mit unaussprechlichen Seufzern sein Abba, lieber Vater, in
ihm wartet schon die Kraft Gottes darauf, ein Leben
lang zu zeigen, daß Gottes Kraft in des Menschen
Schwäche zur Vollendung kommt. Von diesem Leben
kann schon gesagt werden: nicht ich lebe, sondern
Christus lebt in mir. Hier ist schon, was offenbar werden wird in einem langen, seligen und bitteren Menschenleben: das Geheimnis Gottes, der die Liebe ist.
Freilich: alle diese Worte klingen, weil sie menschlich
sind und von dieser armen und endlichen Erde stam-
men, irgendwie überanstrengt und blaß. Wenn man
schlichte Worte wählt, klingen sie wie ein Trost für den
Kleinbürger. Wenn man große und starke Worte zu-
sammenrafft, klingen sie wie die Töne einer Glocke, die
man zu stark läutet, schrill und heftig. Man muß sie
darum hören und fast wieder vergessen, und dann in

sich lauschen auf das Schweigen der unsagbaren Sehnsucht, aufsteigen lassen aus der innersten Mitte das
Geheimnis ohne Namen. Dann steht man wie vor einem Abgrund: kein Lot ermißt seine Tiefe, kein Laut
dringt herauf, kein Ausdenkbares füllt ihn aus: die Un-
ergründlichkeit des Menschen. Aber sie wird schon
ohne Lärm, ohne Gewalt, ohne daß etwas verdrängt
werden müßte, leise und sanft erfüllt von der Uner-
meßlichkeit der göttlichen Liebe. Das eine Geheimnis
ruft das andere, das des Menschen das Geheimnis Gottes, das Gottes das Geheimnis des Menschen. Beide begreift nur in ihrer unbegreiflichen Selbstverständlichkeit und seligen Macht, wer es wagt, sein eigenes
Geheimnis auf sich zukommen zu lassen als kreuzi-
gende Unbegreiflichkeit. Wenn er dann glaubt, daß dieses umfassende und unübersehbare Grenzenlose und
Namenlose ein seliges Geheimnis ist, wenn er das Geheimnis wortlos entgegennimmt und sich ihm liebend
ergibt, dann weiß er alles. Dann begreift er, was gemeint ist, wenn wir sagen: in der Taufe geht Gottes Unendlichkeit begnadigend und erfüllend ein in das
Geheimnis des Menschen, der anfängt, in die Fernen
seines eigenen Daseins auszugehen.

Was haben aber *wir* in dieser Stunde zu tun, da solches zwischen Gott und einem andern Menschen geschieht? Gehören auch wir, die andern, in
dieses Ereignis zwischen Himmel und Erde hinein?

Wir lieben dieses Kind, jeder von uns in seiner
Weise und aus seinen eigenen Gründen. Darum aber

freuen wir uns dankbar über das, was ihm geschenkt wird. Wenn es in dieser Stunde, obwohl ihm noch unbewußt, von göttlicher Kraft getragen seinen unendlichen Weg beginnt auf Gott hin, dann wird es uns dadurch ja nicht entrückt. Es kommt unserer Liebe so nur näher. Der nächste Weg in das Eigentliche und Unvertauschbare eines anderen Menschen, den wir lieben, ist der Weg über Gott. Dieser Weg mag unendlich sein, er ist auch zum Nächsten kein Umweg, sondern der kürzeste, ja im Allerletzten der einzige Weg. Wie oft haben wir erfahren, daß wir uns fern sind oder zu sein scheinen, wir, die wir uns lieben und nahe sein wollen. Plötzlich scheint sich zwischen die Nächsten eine unheimliche, grenzenlose Ferne zu schieben, eine tödliche Zone für alles Verstehen und Nahesein. Wir begreifen uns nicht, wir fassen uns nicht mehr. Fremd sind wir uns. Wir wollen den andern lieben, gerade so wie er ist, gewiß, wir wollen ihn nicht tyrannisch umgestalten nach unserem Bild und Gleichnis, wir wollen ihn in seiner eigenen Art demütig gelten lassen. Wir scheinen nur wählen zu können zwischen einer Nähe, die gleichmacht, worin der eine der Tyrann und das herrische Gesetz des andern wird, oder einer Ferne, die Raum für den ganz andern Menschen gibt, ihn aber uns so entrückt, daß die Liebe und das Geborgenseinkönnen stirbt. Und selbst wenn wir die schweigende Kraft uns zutrauen, den andern zu lassen, damit er gültig er selber sein könne, – wir sollen doch nicht weise und kühl verzichtende Monaden werden, die in unendlichen Abständen nur noch um sich selbst kreisen, damit auch der andere dasselbe tun könne. In diesem Widerspruch des Daseins gibt es viele mittlere Lösungen der lebensklugen Liebe, der Geduld, des Ertragens und des liebend und unverbittert Sichbescheidens. Aber eine absolute Auflösung dieses Widerspruchs gibt es nur in Gott: Wenn er – wirklich er selber in der Unendlichkeit und schöpferischen Kraft seiner Liebe, die alles in seiner Unterschiedlichkeit will und eint zumal – der bergende Raum ist, in dem wir uns finden, dann ist die Nähe nicht distanzlose Einerleiheit und der Abstand keine tödliche, tötende Ferne; und Gott selbst ist die Kraft der Liebe, den andern gelten zu lassen, ohne dadurch auf ihn zu verzichten, denn er, der geliebte, von jedem ganz für sich geliebte Gott hat den andern so gewollt, wie er ist. In Gott kann man den andern noch in seinem Innersten sorgend mittragen, in der Tat, in der er in Freiheit sein ewiges Heil wirkt. Denn man liebt ja Gott und ist mit ihm verbunden, der in seiner machtvollen Gnade auch noch Grund und Geber der guten Entscheidung des Menschen ist.

In der Taufe also sagt Gott, daß er auch der umfassende Raum der Liebe sein will, in dem wir dieses Kind lieben und von diesem Kind geliebt werden können bis ins Letzte und für immer. Und schon darum ist diese Taufe auch ein Geschehnis in unserem Leben. Sie stiftet die engelose Nähe zwischen dem Kind und uns.

Dieses Kind ist unser Bruder. Es ist ein Kind der Eltern, im verwandtschaftlichsten Sinn Bruder oder sonst Verwandter für andere, die hier die gnadenvolle Einweihung seines Lebens mitfeiern. Das bedeutet aber, daß wir alle eine Verantwortung für es haben. Es könnte also auch bei uns so sein, daß Gott im Blick auf dieses Kind uns einmal fragt: Kain, wo ist dein Bruder Abel? Dieser konkrete Mensch ist ein Stück unserer eigenen Verantwortung vor Gott, ein Teil unserer eigenen Lebensaufgabe und so unserer eigenen Ewigkeit.

Werden wir unser Teil an ihm wirken oder schuldig werden an ihm? Schuldig oder segensvoll für ihn und uns selbst durch unser Sein, durch unser Wort, durch unser Beispiel, durch die geschenkte oder versagte Liebe und Hilfe, die er gerade bei uns suchte? Es ist ein schaudervolles Geheimnis, daß jeder von uns für den anderen gesetzt ist zum Falle oder zur Auferstehung, zur Gnade oder zum Gericht, zur Erbauung oder zum Ärgernis. Und das Kind, das mit solcher Art in unser Leben eintritt, ungefragt und auch uns selbst nicht fragend, ist ein begnadigtes Kind, ein Mensch, mit dem sich Gott verbunden hat, indem er ihm seinen heiligen Geist schenkte. Wenn der Logos ein Schicksal hatte, obwohl er der selig schicksallose, ungefährdete Gott ist, weil er Mensch wurde, und wenn jeder Mensch ein Stück des Schicksals dieses Menschensohnes, der Gottes Wort ist, bildet, dann werden wir nicht nur durch uns selbst unmittelbar, sondern auch durch das, was wir diesem Kinde werden, ein Stück des Schicksals des Wortes Gottes selbst. Hier ist einer der Bruder Jesu, hier eines der Kleinen, die er segnet, deren Schädigern er mit seinem vernichtenden Fluch droht, weil er in Wahrheit selbst verletzt ist, wenn wir einem solchen Kind nicht sind, was wir ihm sein müßten. Aber weil Gott in seiner Taufgnade sich mit diesem Kind verbündet hat, ist diese Taufe auch eine Verheißung Gottes an uns, daß er unsere Kraft und Hilfe sein wolle, damit wir der Verantwortung gerecht werden können, die wir an einem solchen jungen Leben alle haben. Gott sagt also auch uns ein tröstendes Wort in einer Taufe: Weil ich selbst mit meiner göttlichen Kraft zu der Last gehöre, die ein Mensch jedem anderen bedeutet, so kann, wenn ihr nur glaubt, solche Last der Gnade Überlast werden. – Und so widerfährt auch uns in solcher Taufe Heil und Gnade.

E in Sakrament ist immer ein Akt der kirchlichen Liturgie. In jeder Sakramentsspendung wird die Kirche Ereignis. Weil das Wort der Sakramente ihr Wort und weil ihres als der Braut Christi Wort Christi ist, darum ist es mächtig, gültig, und gibt, was es redend beschwört. Wenn aber in jedem Sakrament somit die Kirche Ereignis wird, dann tritt sie in Erscheinung in den Personen, die hierbei handelnd auftreten. Zunächst einmal im Taufenden selbst. Durch ihn geschieht Taufe, da er als der eine und selbe die Waschung vornehmen und das rettende Wort sprechen muß. Aber nicht er allein trägt diese Feier, wenn viele zugegen sind. Auch andere sind wirklich in diese Kultfeier der Kirche hineingezogen als Glieder der Kirche, die hier greifbar wird. Das ist zunächst einmal verständlich hinsichtlich der Paten. Sie sind ja bei der feierlichen Taufe von der Kirche gefordert. Die Erziehungssorge und -pflicht der Kirche erhält in ihnen einen konkreten, wenn auch natürlich nicht exklusiven Träger. Sie sind ja verpflichtet, für die christliche Erziehung des Kindes mitzusorgen. Eine Verpflichtung zu solcher Sorge aber kann man wesensgemäß nur in Anteilnahme an der Sorgepflicht und dem Sorgerecht der Kirche haben. Auch in den Paten also tritt die Kirche handelnd auf, weil die Paten für die Kirche einstehen und übernehmen, was die Kirche zu tun hat. In der alten Kirche bei der Erwachsenentaufe waren die Paten vor allem die Taufzeugen, die dem Bi-

schof gegenüber dafür einstanden, daß die Täuflinge
wirklich schon der Gesinnung und der Lebensführung
nach das waren, was sie jetzt sakramental werden sollten: Christen. Heute hat der Pate die Aufgabe, dafür
nach seinen Kräften zusammen mit den Eltern zu sorgen, so daß er einmal bezeugen kann, daß der hier
durch Gottes Gnade gestiftete Urentwurf eines christlichen Lebens auch wirklich ausgeführt wird in der Gesinnung und Lebensführung. Er wird am Ende des
neuen Lebens nur dann bezeugen können, daß es
wurde, was es seit heute ist, wenn er selbst durch sein
eigenes Leben ein Zeuge Christi war. Auf jeden Fall
aber tritt der Pate hier als ein Träger der Verantwortung
und der Hirtenliebe der Kirche an den Beginn dieses
Lebens, und er gehört darum in die volle Form dieses
sakramentalen Geschehens mit hinein, als einer, der die
Kirche mitvertritt.

Ähnliches aber gilt auch, wenngleich vielleicht in einem etwas abgeschwächteren Sinn, von allen andern,
die diese Taufe mitfeiern. Die Verantwortung, die wir
jedem Nächsten, und so auch diesem Kind gegenüber
alle haben, ist nicht bloß eine individualistische Sache
in unserem Leben. Wir haben als Glieder der Kirche
solche Verantwortung. Wir versündigten uns ja gegen
die Kirche, wenn wir an solch einem Leben schuldig
würden. Da wird ein Mensch getauft, da wird ein neues
Leben in das Leben der Kirche aufgenommen, da beginnt ein eigenes Blatt in der Geschichte der Kirche. Sie
ist ja keine abstrakte Idee, sondern die konkrete Viel-
zahl der getauften und im Bekenntnis des wahren Glaubens unter den von Christus bestellten Hirten geeinten
Menschen. Sie ist nicht nur eine amtliche Organisation,
sondern wir alle bilden Kirche, tragen zu ihrem Leben,

zu ihrer Heiligkeit, ihrer Schuld und ihrem Versagen in der Geschichte bei, bezeugen den Sieg der Gnade Christi und unsere Schwäche. Wenn wir also einer Taufe beiwohnen, dann ist darin nicht nur ein Zuschauen gegeben, so ähnlich dem der Leute, die vor dem Standesamt warten und sich das Brautpaar besehen. Wir scharen uns vielmehr als Glieder der Kirche um den Getauften. Wir sagen dadurch: du gehörst nun in ganz neuer Weise zu uns und wir zu dir. Wir alle haben ein Leben, eine Verantwortung, wir alle werden nur in dem einen Leib Christi, zu dem wir alle gehören, selig. Wir alle bezeugen also und repräsentieren die Kirche dort, wo wir uns zu einer christlichen Verantwortung der Liebe und der Heilssorge bekennen. Dadurch, daß wir hinzutreten zu solcher Taufe, wird auch unsere christliche Gesinnung in dem Vorgang der Taufe offenbar. Was hier geschieht, ist auch Inkarnation dessen, was wir innerlich als unseren Geist empfangen haben, und indem wir in dieses sakramentale Geschehen als Mitfeiernde eingehen, mehrt sich in uns die Frucht des Geistes, den wir so bezeugen.

Das Letzte und nicht Ungewichtige, warum wir selbst zu dieser Feier gehören, ist dieses: Unsere eigene Taufe ist noch nicht zu Ende. Was sakramental ein für allemal und unauslöschlich geschah, das soll ein Leben lang durch das Leben und Sterben getan werden: wir sind durch die Taufe Christen, um es durch das Leben und Sterben zu werden. Wenn wir einer Taufe beiwohnen, sollen wir eine neue Er-innerung unserer

eigenen Taufe feiern. Wir waren damals, als wir selbst
getauft wurden, nur fast wie eine Sache dabei. Das
nimmt der Taufe ihre Würde und ihren Sinn nicht.
Denn Gott handelt ja an uns. Und das war das Wichti-
gere. Aber immerhin: wir sollen bei dem auch als Person, als Freiheit, als Ja und Gehorsam sein. Wir können
es jetzt immer noch. Denn die Taufe, die wir empfangen haben, wurde nicht gespendet, um mit dieser
Handlung zu vergehen, sondern um zu bleiben. Sie *ist*
immer, nicht im Vorgang, sondern im Hervorgegange-
nen, in unserem unabänderlichen Getauftsein, im unauslöschlichen Siegel, das uns eingeprägt ist. Diese
Tatsache müssen wir immer noch einholen, damit sind
wir noch lange nicht fertig, dazu müssen wir immer
noch mehr und mehr erwachen, damit wir das volle
und ungeteilte Ja sagen zu dem, was wir geworden
sind. Wenn der Pate in der Stellvertretung des Kindes
sagt: ich begehre die Taufe, dann können wir das für
uns selbst immer noch nachsprechen über unser eigenes Leben. Wenn der Apostel einmal seinem Schüler
hinsichtlich der Priesterweihe durch Handauflegung
sagt: wecke zu neuem Leben auf das Feuer der Gnadengabe, die dir verliehen ist durch die Handauflegung,
dann kann dies mit fast noch größerem Recht von diesem andern und grundlegendsten der Sakramente, die
einen bleibenden Stand verleihen, gesagt werden, von
der Taufe. Wir können diese Gnadengabe wie ein Feuer
unter der Asche des Alltags neu entfachen. Wir können
neueres, höheres, entschiedeneres Leben aufwachsen
lassen aus dem Wurzelgrund, der durch die Taufe in
uns eingepflanzt ist. Wir können an einem solchen Tag
uns in diesem Kind und seinem Schicksal erblicken: so
hast auch du angefangen! Ist es weitergegangen? Hat

sich an dir die Verheißung dieses Tages erfüllt? Ist die heutige Aussaat zu einer Ernte geworden? Unser Tauftag wird einst auch aus einer bloß scheinbaren Vergangenheit als unsere Zukunft wiederkehren – als Seligkeit oder als Gericht. Wir gehen seinem wahren Wesen entgegen, wir entfernen uns nicht von ihm, je älter wir werden. Wir sollten darum auch innehalten an einem solchen Tage, zu solcher Stunde, und im Herzen sprechen: ich begehre die Taufe, die mir das ewige Leben gibt, ich widersage, ich gelobe, ich will das hochzeitliche Kleid unbefleckt durch dieses Leben tragen, es soll das Licht des Glaubens und der Liebe nicht erlöschen, ich will den Weg zu Ende gehen, den ich an jenem Tag begann: er mündet im ewigen Leben.

Es ist genug geredet. Gott möge nun *sein* Wort diesem Kinde sagen, das Wort seiner Liebe, seiner Gnade und seiner ewigen Treue. Getreu ist der, der das gute Werk in diesem Kind beginnt, er wird es auch vollenden. Wir wollen Gott sein Wort sagen lassen. Das Leben dieses Kindes und auch unser eigenes Leben möge die Antwort sein in Gottes Gnade.

44

Auch heute weht der Geist

Über das Sakrament der Firmung

M an wird nicht sagen können, daß das Sakrament
der Firmung im Leben des durchschnittlichen katholischen Christen eine große Rolle spielt. Es wird in
der abendländisch-katholischen Kirche meist in einem
Alter empfangen, das nicht dazu angetan ist, diesem
zeitlich einmaligen und schnell vorübergehenden Ereignis eine besondere Eindrücklichkeit zu gestatten.
Vielleicht würde sich daran auch nicht viel ändern,
wenn man das Alter des normalen Firmempfangs etwas
heraufsetzen würde, wenn dies auch die Frage des besten Firmalters noch nicht entscheidet. Das Sakrament
des Geistes findet keine sonderliche Beachtung.

Und doch müßte dies nicht so sein. Unter anderem
könnten zwei Beobachtungen für eine bessere Zukunft
dieses Sakramentes hoffen lassen. Es gibt außerhalb
und innerhalb der katholischen Christenheit „enthusia-
stische" Bewegungen. Man verlangt nach der Erfahrung des Geistes und seiner Kraft. Man hält in
Gemeinschaft lange, charismatisch bewegte Gebetsgot-
tesdienste, in denen man das Wehen des Geistes zu
spüren glaubt bis zu ekstatischem Zungenreden. In solchen Gebetszeiten glauben nicht wenige das zu erfahren, was sie die „Geisttaufe", das ein für allemal
geschehende Erfülltwerden mit dem Geist Gottes nennen.

Solche enthusiastischen Erfahrungen brauchen auch
eine nüchtern rationale Theologie und Psychologie

47

nicht von vornherein und für alle Fälle abzulehnen oder skeptisch zu bezweifeln. Auch wenn der in Zeit und Geschichte noch pilgernde Mensch nie meinen darf, er sei vollendet, er habe eine absolut sichere und auch endgültige Zusage des Geistes empfangen (die traditionelle Theologie würde dies „Befestigung in der Gnade" nennen), so braucht doch nicht bestritten zu werden, daß es besonders eindrückliche und den Menschen umwandelnde, ganz neue Lebenshorizonte schenkende und befreiende Erfahrungen der Gnade geben könne, die auf lange Zeit die innerste Haltung des christlichen Menschen prägen, durchaus (wenn man will) „Geisttaufe" genannt werden können und auch gerade innerhalb eines solchen gemeinsamen Gebetsgottesdienstes als Wirkung des der Gemeinde gegebenen Geistes erfahren werden.

Warum also sollte nicht auch für die Firmung, das Sakrament des Geistes, von diesen allenthalben in der Kirche aufbrechenden Erfahrungen her ein neues lebendiges Verständnis erhofft werden dürfen? Nur wer fälschlich alles eigentliche Gnadenwirken des Geistes in eine Sphäre jenseits aller persönlichen Erfahrung verbannt und (umgekehrt) alle religiöse Erfahrung in einer rationalistischen Psychologie auflöst, so daß von diesem Geist der Gnade und der Rechtfertigung als solchem *nur* durch doktrinäre Belehrung im äußeren Wort gewußt werden könne, kann der Meinung sein, es dürfe zwischen dem Sakrament des Geistes im dogmatischen Sinn und der erfahrenen Geisttaufe keine Beziehung bestehen.

Dazu kommt ein weiteres: in der Kirche wird wieder die Überzeugung lebendiger, daß jeder Christ für die Kirche und die Welt je sein besonderes Charisma habe, einen Auftrag gesellschaftlicher, ja „politischer" Art, (was sowohl auf die Kirche wie auf die profane Gesellschaft hin gar nicht notwendig eine bloße profane, „natürliche" Aufgabe sein muß, sondern durchaus durch das getragen sein kann, was wir Christen die „Gnade" nennen), eine Verantwortung für die anderen, die Kirche und die Welt. Wo und wenn man christliche „Religion" nicht in einer privatistischen Engführung ausschließlich als Angelegenheit zwischen der einsamen Seele und ihrem Gott betrachtet, könnte doch das Sakrament des Zeugnisses des Glaubens, der die Welt überwindet, in der Kirche und für die Welt eine neue und lebendigere Zukunft finden.

Denn die Firmung ist dieses Sakrament der Sendung und des Zeugnisses in Erfüllung des Auftrages der Kirche für die Welt. Die Firmung braucht also nicht auch in Zukunft jenes etwas kümmerliche Dasein in der Kirche zu haben, das sie schon seit vielen Jahrhunderten in der Kirche führt trotz all den hohen und heiligen Sätzen, die das Lehramt in der Kirche und die Theologie von diesem Sakrament sagen.

D ie etwas kümmerliche Existenz, die die Firmung im konkreten Leben der Kirche hat, ist wohl auch bedingt durch eine theologische Schwierigkeit, die von Anfang der Christenheit an bis auf unsren Tag das Verständnis dieses Sakramentes belastet hat. Es ist nämlich nicht leicht, Taufe und Firmung zu unterscheiden. Auch die Taufe ist nicht nur das Sakrament der Vergebung der Sünden und der Aufnahme des Menschen in

die Kirche, sie ist auch das Sakrament der Wiedergeburt, der gnadenhaften inneren Rechtfertigung des
Menschen, das Sakrament der Mitteilung des Geistes,
ohne den Vergebung der Schuld, Wiedergeburt, Rechtfertigung und Heiligung gar nicht gedacht werden können. Und selbst wenn man betont, daß in der Firmung
der Geist zu ganz bestimmten Aufgaben und Möglichkeiten mitgeteilt werde, zu geistiger Stärkung und zum
Bekenntnis des Glaubens vor der Welt, dann muß immer noch gesagt werden, daß auch der Geist, so wie er
schon durch die Taufe verliehen wird, Hinordnung und
Kraft für solche Aufgaben bedeutet. Man kann zwar
dann immer noch darauf hinweisen, daß nach Apg
8,14 ff; 19,6; Hebr 6,2 schon zur Zeit des Neuen Testa-
mentes eine geistverleihende Handauflegung von der
Taufe unterschieden werde. Aber mit diesem Hinweis
scheint doch die angedeutete Schwierigkeit noch nicht
aus dem Weg geräumt. Nicht nur kann diese geistverleihende Handauflegung nicht auf ein ausdrückliches
Mandat Jesu zurückgeführt werden, was freilich heute
im Unterschied zur Reformationszeit weniger ins Gewicht fallen müßte, weil man heute dogmengeschicht-
lich zwar die Einsetzung der Sakramente durch *Jesus* in
einem katholischen Sakramentenverständnis wegen
der Entscheidung des Trienter Konzils nicht leugnen
darf, diese Einsetzung aber doch wohl so verstehen
darf, daß sie in der (auch noch einmal vorsichtig ver-
standenen) Stiftung (= Herkunft) der Kirche durch (=
von) Jesus enthalten ist, so daß bei keinem Sakrament
notwendig eine ausdrückliche Stiftung durch Jesus in
historisch überlieferten Worten verlangt werden muß,
auch wenn eine solche Stiftungsart bei einigen Sakramenten nicht bestritten werden soll.

Ist diese Schwierigkeit für die Unterscheidung von Taufe und Firmung nicht so groß, so bleibt zunächst doch eine andere: Die im Neuen Testament bezeugte geistspendende Handauflegung könnte ja als der Gestus aufgefaßt werden, unter dem sich eine außergewöhnliche charismatische Begnadigung einzelner Menschen ereignet (so ähnlich wie in der „Geisttaufe", die wir schon erwähnten), eine charismatische „Begeistung", die nicht einfach und allen Christen verliehen wird und darum auch nicht zu den institutionalisierten Heilsmitteln, zu den Sakramenten gehören kann.

Freilich kann nun zunächst gegen diesen Einwand gesagt werden, daß bei *allen* Sakramenten (also z. B. auch schon bei der Taufe) zwischen einer grundsätzlichen und sakramental in Erscheinung tretenden Zusage des Geistes und der Gnade einerseits und der lebendigen, kraftvollen und in der Empirie des Alltags sich kundtuenden Wirksamkeit dieses Geistes und der Gnade unterschieden werden muß. Von daher ist es keine grundsätzliche Schwierigkeit, zu verstehen, daß dieser charismatisch wirksam sein könnende Geist in einer Handauflegung von Apg 8 und 19 allen zuteil werden kann, aber anderseits nur in besonderen Fällen so machtvoll charismatisch in Erscheinung tritt, wie es für viele Fälle im Neuen Testament bezeugt und in den enthusiastischen Bewegungen in der heutigen Christenheit erwartet wird. Diesen Unterschied müssen wir ja auch bei der Taufe machen. Er ist auch bei der geistverleihenden Handauflegung der Firmung gar nicht so groß und unüberbrückbar, wie es zunächst scheinen mag, wenn wir bedenken, daß für Paulus auch sehr schlichte Befähigungen im Dienste der Gemeinde durchaus als charismatische Gaben des Geistes verstanden werden. Verstehen wir die Wirkungen des Geistes nicht mirakulös und in allen Fällen „ekstatisch", sondern auch dort gegeben, wo Glaube, Hoffnung und Liebe in einem Durchbruch des Menschen zur Freiheit Gottes echt gelebt werden, dann kann die Handauflegung in der Apostelgeschichte durchaus sakramental verstanden werden, obwohl das Neue Testament dabei vor allem auf besonders ausdrückliche Wirkungen des mitgeteilten Geistes abhebt.

Aber damit scheint doch die Schwierigkeit, Taufe und Firmung zu unterscheiden und als zwei verschiedene Sakramente zu betrachten, immer noch nicht ausgeräumt zu sein, da man ja dann beide Sakramente als Sakrament der Geistmitteilung verstehen muß. Tatsächlich ist ja die Firmung (als Handauflegung und Salbung, die als geistspendend verstanden wurde) in der alten Christenheit immer mit der Wassertaufe zusammen gespendet worden, so daß unser heutiges Firmsakrament damals gar nicht in jener Distanz von der Taufe auftrat, die in der Apostelgeschichte greifbar ist und so zunächst eine bloß charismatische Deutung dieser apostolischen Handauflegung nahelegt.

Wir werden, wollen wir mit dieser Schwierigkeit wirklich fertig werden, heute auf ein historisch unbefangenes Verständnis des Werdens der Sakramente im allgemeinen zurückgreifen müssen und dabei bedenken (was auch das Trienter Konzil bei seiner Lehre von der Siebenzahl der Sakramente betont), daß die einzelnen Sakramente nicht von der gleichen Dignität und

Heilsnotwendigkeit sind und somit (wie wir hinzufü-
gen dürfen) auch untereinander nicht immer den gleichen Abstand zueinander haben müssen. Wir haben
schon gesagt: Sakramente sind insofern von Christus
gestiftet, als die Kirche als das „reuelose" Zeichen der
unbedingten Selbstzusage Gottes in seinem Geist an
die Welt von Jesus herkommt, durch ihn so „gestiftet"
ist. Wo daher die Kirche eine Aktualisierung dieses ihres eigenen Wesens in die individuelle Heilssituation
eines Menschen hinein mit einem absoluten Engagement vollzieht, das gnadengebende Heilswort, das sie
selber ist, unbedingt einem einzelnen zusagt, ist ein Sakrament gegeben, das von Christus gestiftet ist, auch
wenn sich historisch kein eigenes Stiftungswort Jesu
für ein bestimmtes Sakrament nachweisen oder auch
nur als historisch wahrscheinlich denken läßt.

Von da aus macht es zunächst keine Schwierigkeit
(um von Sakramenten reden zu können), wenn man
sich denkt, daß eine gerade siebenfältige Artikulierung
dieses einen Gnadenwortes mit einem absoluten, gewissermaßen das Wesen der Kirche als endgültigen
Heilswortes verpfändenden Engagement durch die Kirche in dem historischen Werden eben dieser siebenfäl-
tigen Artikulation doch irreversibel und endgültig ist
und so eben dann sieben Sakramente sind und bleiben,
weil auch geschichtlich gewordene Entscheidungen der
Kirche nicht darum schon auch revozierbar sein müssen. Es ist dann auch durchaus verständlich, daß das
eine und grundlegende Gnadenwort, das die Kirche
schon in der Taufe dem Menschen rettend zusagt, von
ihr in einer doppelten Weise mit je verschiedener Ausdrücklichkeit artikuliert und somit dem Menschen, wie
sie ihm in der Taufe grundsätzlich schon zugesagt hat,

was aber dort gleichsam in der reinigenden Abwaschung im Hintergrund blieb, nochmals eigens ausdrücklich zusagt, eben die Mitteilung des Geistes durch Handauflegung und Salbung.

Wenn man will, kann man dann sich diese Doppelheit des sakramentalen Zeichens der Geistverleihung in Taufe und Firmung nochmals leichter verständlich machen, indem man sagt, in der Firmung werde diese Geistgabe gemehrt und verstärkt und sie werde gleichsam für ganz bestimmte Aufgaben des Christen in der Stärkung seines Glaubens zum Zeugnis vor der Welt spezifiziert. Aber entscheidend scheint diese Auskunft doch nicht zu sein. Die Artikulierung der sakramentalen Begründung des Christenstandes durch zwei gegenseitig eng aufeinander verwiesene Sakramente ist an und für sich von diesem sinnvollen, aber nicht zwingenden Nebengedanken unabhängig, wenn man sich das Verhältnis der Kirche zu ihrem sakramentalen Selbstvollzug auf den einzelnen hin richtig denkt.

E s seien noch einige theologische Daten aus der Lehre von Schrift und Tradition und kirchlichem Lehramt vorausgeschickt, bevor wir uns noch ausdrücklicher um ein inneres Verständnis dieses Sakramentes bemühen.

Auf die Bezeugung einer geistspendenden Handauflegung in der Apostelgeschichte ist schon hingewiesen worden. In der alten Kirche wurde die Firmung mit Handauflegung und Salbung normalerweise zusammen mit der Taufe gespendet. Da im Abendland der ordentliche Vollzieher der Handauflegung der Bischof war (und blieb), kam es, daß sich eine zeitliche Trennung zwischen der (Kinder-)Taufe (vom einfachen Priester gespendet) und der im späteren Alter durch den Bischof gegebenen Firmung herausbildete und so der Unterschied zwischen beiden Sakramenten deutlich wurde.

Schon mittelalterliche Konzilien kennen die von der Taufe unterschiedene Firmsalbung als Sakrament. Das Trienter Konzil definiert feierlich diese Sakramentalität (1547), ohne darum eine schlechthinnige Heilsnotwendigkeit dieses Sakraments zu lehren, und ohne eine engere Zusammengehörigkeit von Taufe und Firmung zu leugnen. Da einerseits die evangelische Christenheit die „Konfirmation" kennt und die Wirksamkeit des von der Kirche verkündeten Gnadenwortes, das die ausgesagte Wirklichkeit selbst mit sich bringt, betont, anderseits aber katholisch der Begriff des „Sakramentes" im allgemeinen als für die sieben unter Zeichen gespendeten Gnadenworte und nur für sie geltend erst ein mittelalterlicher Begriff ist und die Verschiedenheit und verschiedene Gewichtigkeit dieser sieben Zeichen untereinander nicht verdecken darf, bräuchte sich die heutige Christenheit über die Existenz und „Sakramentalität" der Firmung nicht mehr uneins zu sein. Nach der traditionellen Lehre wirkt die Firmung eine Stärkung des Glaubens, vollendet die Taufe und bedeutet für den Gefirmten einen bleibenden „Stand" in der Kirche, da sie ja nicht wiederholt werden kann (Firmcharakter). Das zweite Vatikanum sagt: Durch das Sakrament der Firmung werden die Gläubigen vollkommener der Kirche verbunden und mit einer besonderen Kraft des Heiligen Geistes ausgestattet. Sie sind in strengerer

Weise verpflichtet, den Glauben als wahre Zeugen Christi in Wort und Tat zu verbreiten und zu verteidigen. Dieses Sakrament hat für dieses Konzil auch an anderen Stellen eine besondere Beziehung zum Laienapostolat.

E s ist an der Zeit, daß wir nach diesen notgedrungen mehr schulmäßigen Erklärungen jenen „Sitz im Leben" suchen, von dem aus dieses Sakrament einem Menschen von heute besser verständlich werden kann. Wir sollten bei allen Sakramenten nicht von der Vorstellung ausgehen, sie seien rituelle Vorkommnisse, die etwas bewirken und geben, was es sonst nicht gibt. Wenn wir von diesem Vorstellungsmodell als erstem ausgehen, entsteht ja zwangsläufig die Frage, wie und wo man denn ernsthaft und glaubwürdig erfahren könne, was da in den Sakramenten „passiert" sei. Und dann werden nicht wenige sagen, sie hätten nichts an Wirkung erfahren, und die Behauptung, es wäre Gnade gegeben worden, sei eine leere, oder zumindest für einen selbst belanglose Ideologie.

Wir müssen vielmehr bei den Sakramenten umgekehrt vorgehen und fragen: Wo erfahren wir in unserem täglichen Leben immer wieder und überall „Gnade", jene unser Leben tragende und befreiende Wirklichkeit, die wir Heiligen Geist nennen, so daß die Sakramente von daher dann verstanden werden als die im Raum der Kirche geschehende Erscheinung und Zusage eben dieser Gnade, die unser ganzes Leben durchwaltet, auch noch, wenn es von den Sakramenten nicht ausdrücklich erreicht wird. Wir müssen die Sakramente als geschichtliche und kirchliche Leibhaftigkeit *der* Gnade verstehen, die wir im *Leben* erfahren, ob wir den Inhalt dieser Erfahrung ausdrücklich Geist und Gnade nennen oder nicht.

In einer solchen Perspektive werden die Sakramente weder überflüssig noch unbedeutend, sie erscheinen aber als Greifbarkeit und kirchliche Verdeutlichung einer Gnade, die nicht ein partikuläres Sonder-Ereignis innerhalb einer sonst bloß irdischen, profanen und säkularisierten Welt ist, sondern deren innerste Lebendigkeit, die Kraft gibt und ewige Zukunft verheißt.

Damit ist die Gnaden*wirksamkeit* der Sakramente nicht geleugnet. Es wird nur deutlich, daß die Gnade ebenso Ursache wie Wirkung der Sakramente ist, weil sie sich dem Menschen mitteilt, *indem* sie auch ihrem Wesen gemäß sich in den Sakramenten noch einmal ausdrücklich verleiblicht.

Von daher ist es angebracht, zunächst einmal zu fragen: Wo wirkt in unserem Leben konkret, wenn vielleicht auch sehr diskret und namenlos, jener Geist der Gnade Gottes, dessen gewissermaßen kultische und gesellschaftlich amtliche Zusage wie in der Firmung erkennen? Wo ist im Leben der Geist, der durch dieses Leben das Geistsakrament legitimiert?

Wenn wir so fragen, ist eigentlich auch nach jener „Geisttaufe" gefragt, die, wenn vielleicht auch unter manchmal indiskreten und bizarren Formen, von den enthusiastischen Geistbewegungen unserer Zeit als die wahre Legitimation des Christentums gesucht wird.

Wir brauchen nicht nach einer Geisttaufe zu suchen, die als punktförmig im Leben gegebenes, einmaliges

Wiedergeburtserlebnis verstanden wird, auch wenn nicht geleugnet werden soll, daß so etwas im Leben mancher Christen sich ereignen kann. Wir suchen hier nach diskreteren, aber wirklichen Bezeugungen des Geistes Gottes, von denen aus wir sogar eigentlich erst wissen, was mit Gott, seinem Geist und seiner Gnade gemeint ist.

Wo eine ganze und eine Hoffnung über alle Einzelhoffnungen hinaus gegeben ist, die alle Aufschwünge, aber auch alle Abstürze ins Bodenlose noch einmal sanft in schweigender Verheißung umfängt, wo eine Verantwortung in Freiheit auch dort noch angenommen und durchgetragen wird, wo sie keinen angebbaren Ausweis an Erfolg und Nutzen mehr hat, wo ein Mensch seine letzte Freiheit erfährt und annimmt, die ihm keine irdischen Zwänge nehmen können, wo der Sturz in die Finsternis des Todes nochmals angenommen wird als Aufgang unbegreiflicher Verheißung, wo die Summe aller Lebensrechnungen, die man nicht selber noch einmal berechnen kann, als positives Resultat verstanden wird, obwohl man es nicht nochmals „beweisen" kann, wo die bruchstückhafte Erfahrung von Liebe, Schönheit, Freude als Verheißung von Liebe, Schönheit, Freude schlechthin erlebt und angenommen wird, wo der bittere, enttäuschende und zerrinnende Alltag gelassen und geduldig durchgestanden wird bis zum gelassen angenommenen Ende aus einer Kraft, deren letzte Quelle von uns nicht noch einmal gefaßt und so uns untertan gemacht werden kann, wo

man in eine schweigende Finsternis hinein zu beten
wagt und sich erhört weiß, obwohl von dort her keine
Antwort zu kommen scheint, über die man noch einmal
raisonnieren und disputieren kann, wo man sich losläßt
ohne Bedingung und diese Kapitulation als den wahren
Sieg erfährt, wo Fallen das wahre Stehen wird, wo die
Verzweiflung angenommen und geheimnisvoll nochmals als getröstet ohne billigen Trost erfahren wird, wo
der Mensch alle seine Erkenntnisse und alle seine Fragen dem schweigenden und alles bergenden Geheimnis anvertraut, das mehr geliebt wird als alle unsere uns
zu kleinen Herren machenden Einzelerkenntnisse, wo
... (man könnte noch lange fortfahren und jeder muß
seine eigenen Erfahrungen dieser Art unter dem Schutt
des Alltagsbetriebs ausgraben), da ist Gott und seine
befreiende Gnade, da erfahren wir, was wir Christen
den Heiligen Geist Gottes nennen, da ist eine Erfahrung gemacht, die im Leben, auch wenn sie verdrängt
wird, unausweichlich ist, unserer Freiheit angeboten
wird mit der Frage, ob wir sie annehmen wollen oder ob
wir in einer Hölle der Freiheit, zu der wir dann ver-
dammt sind, uns gegen sie verbarrikadieren wollen.

Diese Erfahrung macht, obzwar in unendlich verschiedenen Gestalten je nach der eigenen geschichtlichen und individuellen Situation, jeder Mensch. Der
Christ weiß freilich dazu, daß dieser Geist Gottes, der
ihm zum Heil oder Gericht immer drängend angeboten
ist, sich der Menschheit in Jesus dem Gekreuzigten
und Auferstandenen zum endgültigen Sieg in der
Menschheit zugesagt hat und mit dieser Menschheitsgeschichte einen ewigen, nicht mehr aufhebbaren Bund
eingegangen ist. Und darum weiß der Christ, daß dieser
über alle Welt und alles Fleisch ausgegossene und

überall wirkende, durch das verzweifelte Nein des einzelnen Menschen nicht aus der Welt zu verdrängende Geist der Geist des Vaters Jesu, der Geist Jesu ist, ein Geist, auf dessen Wirksamkeit und Sieg wir vertrauen, indem wir auf Jesus und seinen Sieg im Tode blicken und in diesem Blick das Walten des Geistes auch in unserem eigenen Leben nicht mehr zu übersehen wagen.

Nun aber gibt es die Gemeinde derer, die an den Sieg des Geistes Gottes in der Menschheitsgeschichte und im Leben des einzelnen im Blick auf Jesus glauben. Diese Gemeinde heißt Kirche. Sie sagt dem einzelnen das in sein Leben hinein zu, was sie selber ist: das greifbare und hörbare ausdrückliche Wort, das in seinem Geist Gott als die absolute und selige Zukunft aller Geschichte und jedes einzelnen Lebens ist.

Die Kirche hat uns dieses Wort schon in der Taufe gesagt. Sie sagt es uns aber (über das Wort der Vergebung der Schuld hinaus) noch deutlicher und eindringlicher und nochmals und in der Situation, da unsere heil- oder unheilwirkende Freiheit schon erwacht ist, in dem Gnadenwort der Firmung.

S ollen wir uns dieses Wort nicht sagen lassen? Sollen wir dieses Wort, in dem Gott seine Freiheit und sein eigenes Leben uns zusagt, das Wort, das im Lärm des Alltags und bei dem Geschrei auf den Märkten des Vergnügens, der Politik und der abertausend Einzelheiten berichtenden Wissenschaft fast nicht zu hören ist, nicht eigens und deutlich und amtlich in der Gemeinde der an den Geist Gottes Glaubenden sagen lassen? Nicht eigentlich, weil wir sonst mit diesem Geist nichts zu tun hätten, weil wir sonst billiger und bequemer leben und das angeheuerliche Abenteuer der letzten Freiheit und der Unbegreiflichkeit Gottes nicht bestehen müßten, sondern gerade weil wir wissen, daß dieser Geist unweigerlich unser Schicksal ist, weil wir ihn auch in unserer noch einmal ausdrücklich zu sich selbst gekommenen Freiheit annehmen und bekennen wollen.

Natürlich bedeutet die Firmung als sakramentale Zusage und kirchliche Ausdrücklichkeit dieser Zusage des Geistes nur einen Anfang, auch dann noch, wenn wir in einem Alter gefirmt werden, worin schon eigene und weit in die Zukunft hinein bedeutsame Lebensentscheidungen fallen. Man kann das Leben nicht eigentlich vorwegnehmen und die Zukunft zu ganzer Verfügung in die Gegenwart hineinziehen. Darum ist die Firmung auch nur die sakramentale Erscheinung eines Anfangs für ein Leben, in dessen Länge und Breite die eigentliche, alles rettende und in das Geheimnis Gottes hineinbergende Geisttaufe geschehen muß.

Diese Geisttaufe, die letztlich über das ganze Leben ausgebreitet sein muß, braucht sich nicht sehr spektakulär zu ereignen. Wo Verantwortung, die einem nichts mehr nützt, durch das Leben durchgetragen wird, wo gehofft wird wider alle Hoffnung, wo Liebe bleibt, wo sogar die Schuld Gott anvertraut wird, wo der Tod schweigend und gelassen angenommen wird als Verheißung, da ist die Geisttaufe des Lebens.

Aber wenn wir wissen, daß solches Leben von Gott selbst getragen wird, Gnade ist, dann ist auch das ausdrückliche Bekenntnis am Platz und gerechtfertigt, daß solches Leben als *Gnade* geschenkt und empfangen werden muß. Solches Bekenntnis aber geschieht auch und gerade in der Firmung.

Wenn wir die befreiende Zusage des Geistes in der Kirche schon mit ihrer letzten Entschiedenheit gehört haben, wenn wir „gefirmt" sind, sollten wir dann dieses einmalige Zusagewort für alle Zukunft unseres Lebens nicht wieder lebendig in uns werden lassen, uns seiner Macht immer neu gewähren und so immer neu pfingstliche Menschen werden? Wenn man nicht übersieht, daß der in der Firmung der Kirche zugesagte Geist der Geist ist, der alle Naturgeschichte und Geistesgeschichte als das Werk seiner Liebe und als den Adressaten seiner Selbstmitteilung trägt, daß er Gemeinschaft bildet und alles in Wahrheit und Liebe einigen will, dann ist es auch selbstverständlich, daß das Geistsakrament der Firmung das Sakrament der Bezeugung des Glaubens, und zwar vor allem durch die schlichte Tat des Lebens vor allen Worten, und so das Sakrament der Sendung ist.

Das Geheimnis unseres Christus

Die heilige Eucharistie

Wenn wir zu einer Stunde der Besinnung und des Gebetes am Abend vor dem Fronleichnamsfest zusammengefunden haben, so kann der Gegenstand dieser Besinnung und geistlichen Meditation nur der sein: das Geheimnis, das die Kirche zum Gegenstand einer eigenen Gedächtnisfeier macht. Wir stoßen, wenn wir so sprechen, schon auf etwas sehr Seltsames: die Eucharistie selbst ist eine Gedächtnisfeier und ihr wird wieder eine solche gewidmet, und diese Feier der Feier vollzieht jenes, das gefeiert werden soll: die Eucharistie als Opfer und Mahl. Schon aus dieser seltsamen Identität von Feier und Gefeiertem läßt sich ahnen, daß es hier um eine Wirklichkeit geht, die zentral und umfassend zugleich ist, so daß sie in einem gewissen Sinn nichts mehr außerhalb sich selbst hat, sondern die Fülle des ganzen Christentums ist – freilich in ihrer Weise, nämlich der eines sakramentalen Vorgangs. Wenn wir uns für so kurze Zeit in dieses Geheimnis unserer Altäre nachdenkend versenken, dann könnte man meinen, es sei wegen seiner umfassenden Fülle am geratensten, nur einzelne Momente aus der unergründlichen Fülle dieses Geheimnisses herauszuheben, weil in so kurzer Zeit das Ganze doch nicht ausgesagt zu werden vermag. Man könnte diese Einschränkung auch darum empfehlen, weil man voraussetzen kann, daß das Allgemeine und Wichtigste von dieser Wahrheit des Glaubens allen schon bekannt ist. Und doch: es ist auch für den unterrichteten Christen in einer solchen Stunde der Versuch heilsam, das Ganze des Geheimnisses vor den Blick des Glaubens zu bringen. Und wir wollen diesen Weg der Meditation einzuschlagen versuchen.

W as geschieht, wenn wir Eucharistie feiern? Die schlichte Antwort heißt: Das Abendmahl des Herrn, das er gefeiert hat als den Beginn seiner Passion, wird unter uns und für uns Gegenwart. Sollen wir diesen Satz verstehen, müssen wir bedenken, was im Abendmahl des Herrn geschah, und müssen erwägen, was es bedeutet, daß dieses Mahl unter uns und für uns Gegenwart wird. Was tat der Herr, als er mit seinen Aposteln das Abendmahl feierte? Wir können die unausmeßbare Fülle und Dichte dieses Ereignisses vielleicht dadurch noch am ehesten vor uns stellen, daß wir sagen: in jener Stunde nahm Jesus seinen Tod als seine Übereignung an Gott und so als die Erlösung der Welt an und gab sich selbst als den in den Tod Gegebenen und so als den durch den Tod Gott Anheimgegebenen und somit als den ewigen Bund der Erlösung seinen Jüngern unter dem Vorgang und Symbol eines Mahles.

Er saß mit denen beisammen, die er liebte und seine Freunde nannte und die ihm der Anfang der Gemeinde waren, die an ihn glaubten und in diesem Glauben das Heil haben sollten. Er saß mit ihnen beim Mahle, weil der Mensch dann am nächsten mit den vielen Geliebten beisammen ist, wenn die Gemeinschaft der Treue und der Liebe sich auch verleiblicht in der gemeinsamen Anteilnahme an dem Brot und dem Trank der einen Erde, von der her alle leben. Er saß mit ihnen ein letztes Mal beisammen, weil er wußte, daß er gehen müsse,

einsam und allein in die äußerste Finsternis und Einsamkeit des Todes. Und dieser Tod stand vor ihm. Sein
Tod. Das absolute Mysterium des Unbegreiflichen. Der
Tod *des* Lebendigen, dessen Wesen nicht wie das unsere schon immer in einem geheimnisvollen Einver-
ständnis steht mit der zerfällenden Hinfälligkeit, dem
Widerspruch und jenem Nichts, in das die Schuld zu
entfliehen sucht. Der Tod, der die Leibhaftigkeit der
Schuld ist, der unser Schicksal ist, den wir tun und leiden in einem als unsere einzig eigene Tat, die uns, so
wie wir sie tun, vernichtend überwältigt, wenn wir sie
getan haben, in der das Eigenste das Fremdeste wird.
Diesen Tod nimmt Jesus an, er geht ihm entgegen, läßt
sein Leben von absoluter Einheit und Reinheit in diesen Abgrund höllischer Sinnlosigkeit fallen, mit dem er
gar keine Gemeinschaft hat. Weil die Unbegreiflichkeit
dessen, den er auch in dieser Stunde Vater nennt, also
verfügt, weil dieser Tod unser Schicksal ist, weil er –
unendliches, anbetungswürdiges Geheimnis des Gehorsams und der Liebe – es vermochte, auch in dieser
unendlichen Leere und Einsamkeit des Todes eins zu
bleiben mit Gott und mit uns. Und mit dem Tod nimmt
er alles andere an, was zu dieser Unendlichkeit der toten und tötenden Leere noch gehört: die Stumpfheit
der Herzen seiner Jünger, ihren Unglauben, den
Schmerz, den Verrat, das Ausgestoßensein aus seinem
Volk, die brutale Dummheit der Politik, die ihn tötet,
das Scheitern seiner Sendung und seiner Lebenstat.
Den einen grundlosen Kelch seines Lebens ergreift er,
blickt in seinen finsteren Abgrund und setzt ihn an
seine Lippen, nimmt schon alles wissend und ja-sagend
vorweg, was wir seine Passion, die Passion des Menschensohnes, das Sterben schlechthin nennen. Diese

Annahme des Unannehmbaren, diese Identifikation des Lebens mit dem Tod, dieses Umfaßtwerden der Schuld durch die heilig gehorsame Liebe, dieser Sturz des unauslöschlichen Lichtes in die unendliche Finsternis – alles ereignet sich in der leisen und unauffälligen Gewöhnlichkeit eines menschlichen Lebens, das wissend und bereit dem Tod entgegensteht – ist die Erlösung der Welt. Ist unser Heil, ist das Gericht, das uns begnadigt, die Offenbarung, daß wir auch als die grausam in unsere Schuld und Ausweglosigkeit uns Verstrickenden die Angenommenen und Geliebten sind. Im Abendmahl wird der Anfang der erlösenden Passion gemacht, indem im Anfang das Ganze dieser erlösenden Passion schon angenommen und in dieser Annahme schon proklamiert ist, diese Annahme sich selbst kundtut in heiliger Geste und heiligem Wort und so die Hinopferung in den realen Tod und die reine Hingabe an den Vater auch in kultischer Opferhandlung in Erscheinung treten.

Als der sich in den Tod für sie Weihende steht der Herr vor seinen Jüngern. Es fehlt nur noch eines: daß auch in greifbare und in dieser Leibhaftigkeit wirksame Erscheinung trete, daß jeder von ihnen durch den Tod des Herrn, der schon angenommen ist, wirklich ganz konkret gemeint ist, daß dieses Ereignis des lebendigmachenden Todes, das der Herr ist, wirklich und wahrhaftig eindringt in die innerste Daseinsmitte jedes dieser Jünger, daß die Gemeinschaft, die sie haben und im Mahle erscheinen lassen, auch bis in jene unheimli-

chen Heimlichkeiten des Daseins reicht, wo die Schuld
sitzt und der Tod, das Gericht und die ewige Verantwortung, die ewige Verlorenheit und das ewige Heil. Er
meint Sich ganz eindeutig und leibhaftig, sich selbst in
der härtesten Realität seiner geopferten Existenz, sich
als den Erlöser und die Erlösung, sich als den Tod und
das Leben, und darum sagt er: Leib, der dahingegeben
wird, Blut, das vergossen wird. Und diesen Leib und
dieses Blut gibt er in der Macht seines schöpferischen
Wortes, das die Untergründe der Wirklichkeit verwandelt und unsere Alltagserfahrung zu bloßem Schein
werden läßt und sie darum bestehen lassen kann, unter
den Gestalten von Brot und Wein, den alltäglichen Zeichen liebender Einheit seinen Jüngern, damit wirksam
in Erscheinung trete und erscheinend wirksam werde,
daß dies alles – Er in seiner zu ihrem Heil geopferten
Wirklichkeit – wahrhaft ihnen gehöre und in die Mitte
des Daseins jedes einzelnen eindringe: Nehmet hin
und esset, das ist mein Leib, trinket, das ist mein Blut
des Neuen Bundes, das für alle vergossen wird. Sie ergreifen und werden ergriffen. Ergriffen von der versöhnenden Macht des Gehorsams und der Liebe des
Herrn, ergriffen von seinem Tod, der aus seiner
grauenvollen Leere das Leben gebiert, umfaßt von der
Gnade Gottes, die mit der unbegreiflichen und verzeh-
renden Heiligkeit Gottes nicht vernichtend, sondern erlösend eint, umfaßt von der Liebe, die sie untereinander auch dort noch eint, wo sonst jeder in seiner letzten
Einsamkeit an sich selbst qualvoll stirbt. Und indem sie
das Gericht des Erbarmens Gottes essen, nehmen sie
das ewige Mahl vorweg, da nicht mehr in irdischen Zeichen, sondern in der Vollendung der offenbar gewordenen Herrlichkeit Gott sich selbst zum ewigen Mahl

der Erlösten macht. Und indem sie so essen, blicken sie aus nach dem Tag, da der Herr erst ganz da ist, an dem er „wiederkommt" (wie sie sagen). Und gefeiert ist der neue und ewige Bund, der ihnen geschenkt ist und dessen freie Annahme durch sie selbst nochmals ihnen gegeben ist in der Kraft dieses Brotes, das sie mit dem Herrn, der der Bund *ist,* und unter sich eint zum ewigen Leben.

Dieses Abendmahl des Herrn nun wird in der Eucharistiefeier der Kirche unter uns und für uns Gegenwart. Die Kirche erfüllt den Stiftungsbefehl ihres Herrn: tut dies – das, was er selbst getan hat in der Nacht, da er verraten wurde – zu meinem Gedächtnis. Sie tut, was der Herr getan, unter den Worten, die er selbst gesprochen hat, da er unter der Erscheinungsweise des Brotes und des Weines seinen Leib und sein Blut, sich selbst, den Jüngern hingab als das Unterpfand des ewigen Lebens. Die Kirche feiert die Anamnese, das „Gedächtnis" des Stiftungsmahles des neuen Bundes. Indem sie handelnd nachahmt, was damals geschah, wird nicht eigentlich eine Wiederholung dessen Ereignis, was damals geschah, wird nicht noch einmal getan, was damals war, sondern was damals geschah, rückt an unseren Ort und in unsere Stunde ein, gewinnt Gegenwart und erlösende Macht in unserem eigenen Dasein.

Dies ist darum möglich (wenn wir so das Wunder Gottes zu verstehen versuchen dürfen), weil das Abendmahl nicht vergangen ist. Die freie Entscheidung absoluten Gehorsams und unbedingter Liebe ohne allen Vorbehalt ist einer der Augenblicke, in dem als einem zeitlichen das Endgültige, das Bleibende und Ewige wird, nicht ein Augenblick, in dem etwas in das leere Vergangensein verrinnt. Zeit der Freiheit und des Geistes ist immer Geburt der Ewigkeit, in der das nur Zeitliche an der Zeit vergeht, aber in der frei angenommenen Gültigkeit der geistigen Person das reine Wesen der Entscheidung selbst ewige Gültigkeit erreicht. Und das gilt in einer schlechthin einmaligen Weise von dem Ereignis des Abendmahls. Was da als Ereignis ein für allemal geschah, das *ist.* Ist schlechthin. Ist aufgenommen in die Ewigkeit Gottes, eingegangen in die Vollendung, in die alles, um einfach zu *sein,* eingeht, was inmitten der Zeit als Unvergänglichkeit wird. Denn der Herr hat, da seine Taten der Freiheit aus den unendlichen Urgründen des ewigen *Wortes Gottes* selbst kommen und geistig-menschliche Wirklichkeit als die des lebendigen Wortes Gottes selbst sind, im Abendmahl das Bleibende schlechthin getan, den „neuen" und so endgültigen Bund, wie er selbst sagt. Und so *ist* er der, der er damals in seiner Passion wurde, immer und ewig: der Gekreuzigte und Auferstandene, die ewige Gültigkeit des Sichanvertrauens an die Unbegreiflichkeit der Verfügung Gottes, der Liebende, der die unterste Ohnmacht des Menschseins erfahren und alle Vergeblichkeit der Hingabe ausgehalten hat, bis es der Sieg selbst war. Er *ist* der, der er wurde, und wenn wir in heiliger Anamnese von seinem Tod künden, bis er wiederkommt, dann erzählen wir nicht verwehte Vergangenheit, sondern proklamieren die einmal für immer gewordene Präsenz ewiger Gültigkeit. Und vergangen an diesem im Abendmahl angenommenen Tod ist nur, was vergehen mußte, damit ewige Gegenwart sei. Im auferstandenen und erhöhten Herrn ist die Gültigkeit seiner Geschichte bleibende Gegenwart geworden und geblieben. Und als solche Gegenwart ist sein erlösender Tod als überwundener Tod im gestorbenen und auferstandenen Herrn in unserer Mitte, in unserer Stunde, in unserem Leben gegenwärtig. Zwar umfaßt dieses Ereignis seines im Abendmahl angenommenen Todes, der erlöst, immer und überall unser Leben. Immer sind wir die vielen, für die der Eine gestorben ist. Immer sind wir die Erlösten, die von Gott Freigesprochenen, immer gründet unser Leben in diesem einen Ereignis. Aber es ruft unsere Entscheidung an, es fordert unsere Freiheit, es will angenommen sein in unserem Glauben. Und darum will dieses bleibende Ereignis, das, ein für allemal getan, immer gültig ist und immer das bleibende Gesetz unseres Lebens zum Heil oder Untergang ist, greifbar in unsere Stunde und an unseren Ort auf die Oberfläche unseres Daseins herausdringen, um unsere Freiheit, unseren Glauben anzurufen, zu ermöglichen und zu tragen. Und darum feiern wir in kultischer Greifbarkeit das Abendmahl unseres Herrn, darum ist er uns in der Feier der heiligen Gemeinde, die, seinem Stiftungswillen gehorsam, tut, was er getan hat, gegenwärtig, darum gibt er sich, seinen Leib und sein Blut denen zur Speise hin, die an ihn glauben, ihn lieben und opfernd eingehen in das Geheimnis seines Todes. Wenn die Kirche in heiliger Ordnung und gestufter Verfaßtheit tut, was er getan und uns zu tun befohlen hat, dann ist er da, mitten unter uns: da in seiner leibhaftigen Person, da als der Hohepriester seiner Gemeinde vor dem Gott aller Welten und der Geschichte, da als unser eigenes Opfer, weil er sich für uns geopfert hat und wir vor der Majestät des heiligen Gottes Berufung an den Gehorsam und die Liebe unseres Herrn einlegen dürfen, da als unser Opfer, das sich uns selbst in unsere Hände gegeben hat, damit unsere kultische Feier als liturgische Opfergeste neu erscheinen lasse, was ein für allemal sich ereignet im Opfer seines Lebens an den ewigen Gott. Gegenwärtig ist er als die Gabe, die sich als Angeld des ewigen Lebens uns selbst einsenkt. Da ist er als die Einheit der Liebe unter uns. Da ist er mit seinem Tod und dem Leben, das er aus dem Tod gewann. Gegenwärtig ist er als der Anfang der Verklärung der Welt und als das Unterpfand der unaufhaltsam hereinbrechenden Herrlichkeit Gottes in die Finsternis der Sünde. Da ist er als die Kraft des Lebens und als die Macht, die uns in seinen Tod hineinreißt, um unseren Tod mit seinem Leben zu begnaden. Da ist er als der Freund und Weggenosse, als der brüderliche Teilnehmer an unserem Geschick. Und in all dem, in dem er unter uns und für uns in heiliger Feier gegenwärtig ist, gibt er sich, stiftet er sich uns ein, nimmt er uns, indem wir ihn empfangen, in sich hinein. Die ewige Gültigkeit seines Lebens und Todes und die Verheißung unserer Zukunft werden in unserer Gegenwart sakramental eins. Nur eines ist von uns verlangt: das Amen unseres liebenden Glaubens zur Tat des Herrn an uns.

Wenn wir Ja sagen, wenn wir mitfeiern, wenn wir im Glauben und in der Liebe uns von dem ergreifen lassen, was unter uns und an uns geschieht, dann sind wir selbst einbegriffen in das Ja des Sohnes zu der unbegreiflichen Verfügung des Vaters; dann sind wir die Lobenden und die in Wahrheit Anbetenden und Danksagenden, dann sind wir die Opfernden und die Geopferten, aber opfernd und geopfert in jenes Opfer hinein, das allein nicht in der leeren Sinnlosigkeit zerrinnt. Dann sind wir die Anbeter im Geist und in der Wahrheit, dann sind wir die Geeinten über allen Zwiespalt und alle Zerrissenheit hinaus. Dann sind wir die Verwandelten, für die das tödliche Gesetz verwandelt ist in die Freiheit des Geistes, der Tod in das Leben, die Zeit in die Gültigkeit. Wenn wir ihn annehmen, wird alles aufgenommen in die Unendlichkeit Gottes und der Liebe Christi, alles wird versöhnt, alles wird offen, alles findet seinen Ausgang. Wie jedes andere Sakrament wird auch dieses in uns, den Freien, nur in unserem Glauben wirksam, aber so, daß eben dieser Glaube empfangen wird aus der Gnade Gottes, deren Zusage eben in diesem „Sakrament des Glaubens", in diesem „Mysterium fidei" greifbar in unser Leben tritt, daß Glaube und Sakrament sich gegenseitig tragen, weil beide getragen sind von der Gnade Gottes in Christus, die sich ereignet hat in dem, was dieses Sakrament enthält: die Gegenwart des Herrn und seines versöhnenden Todes.

W as immer dieses Opfersakrament ist, es ist es als das Opfer und die empfangene Opferspeise, als der Christus, der sich dem Vater anvertraute und als Speise sich uns anvertraute. Aber der Herr gab sich uns gerade als die zu genießende Speise, nach seinen eigenen Worten ist das, was er uns reicht, sein Leib und Blut, *damit* wir ihn empfangen, das Empfangene wird nicht also erst sein Leib und Blut, indem wir es genießen. Darum kann wie die irdische, so auch die himmlische Speise zum ewigen Leben aufbewahrt werden zum Genuß der Hungernden und lockt und mahnt so durch ihr Dasein uns zu ihrem Empfang. Und so kann das leibhaftige Mahl der Liebe sich noch auf andere ausdehnen als auf die, die leibhaftig bei seiner ersten Zurüstung gegenwärtig sein konnten. Darum hat die Kirche zu keiner Zeit ihrer Geschichte gemeint, es sei ihr verwehrt, das konsekrierte Brot des ewigen Lebens in der Mitte ihrer Gläubigen aufzubewahren, damit es auch außerhalb der großen Opferfeier der Gemeinde als Brot des Lebens den einzelnen dienen könne, die Kirche war immer davon überzeugt, daß man auch so noch (weil in einem für das Wesen des Vorgangs bedeutungslosen räumlichen und zeitlichen Abstand) immer teilnimmt am Opfermahl der Gemeinde, an der Feier der Eucharistie. Und weil die Kirche weiß, daß in diesem aufbewahrten Sakrament nach den Worten Christi wahrhaft und wesentlich mit Fleisch und Blut, mit Leib und Seele, mit Gottheit und Menschheit der Herr selbst zugegen ist, darum hat sie auch in diesem Sakrament diesen ihren Herrn, das fleischgewordene Wort des Vaters, immer mehr zu verehren, anzubeten, ihn mit jener Andacht und Liebe zu umgeben gelernt, die dem Heiland und Herrn der Kirche gebühren. Diese eucharistische Frömmigkeit außerhalb der Meßfeier ist gewiß im Laufe der Geschichte der Kirche gewachsen, hat unter Umständen Formen und Gestalten angenommen, die die Gefahr brachten, daß die entscheidendsten und ursprünglichsten Wirklichkeiten durch solchen frommen Überschwang der Liebe verdeckt würden. Aber das Ganze der Geschichte dieser eucharistischen Frömmigkeit ist eben doch ein Stück des Eingeführt-

74

werdens in alle Wahrheit, das zu zwar neuen, aber doch unverlierbaren Erkenntnissen und zu bleibendem Tun der Kirche führt. Die stille Verehrung des Herrn durch den einzelnen, der vor dem heiligen Schrein auf unseren Altären kniet, das Zeigen des Sakramentes in der Monstranz, durch das das Geheimnis unseren Blicken „ausgesetzt" wird, brauchen, recht verstanden, nicht vom Sinn des Sakramentes wegführen. Im Gegenteil. Auch so kündet die Speise des ewigen Lebens vom Tod des Herrn; gerade auch so verehrt, ruft sie zu ihrem Genuß. Wenn das Geheimnis Christi doch immer und überall richtend und erlösend unser Leben umfängt (ob wir dessen achten oder nicht), warum sollte dieses Geheimnis unseres Daseins nicht dadurch sichtbar in Erscheinung treten dürfen, daß unser Blick auf die Speise der Kirche fällt, an der man sich das Leben oder das Gericht ißt? Wir sind immer (sofern nur der Geist Christi in uns lebt und uns treibt) in geistlicher Kommunikation mit Christus (oder können es sein), ob wir nun in der Kirche knien oder die staubigen Straßen des Alltags ablaufen. Aber eben diese geistliche Kommunikation ist auch unsere *Aufgabe*. Und an diese Aufgabe mahnt das bleibende Sakrament, in ihm wird das Wort Gottes, das uns zum „Bleiben" in Christus und seiner Liebe ruft und mahnt (und so auch die Kraft anbietet) deutlicher und unüberhörbar. Die „außersakramentale" eucharistische Frömmigkeit bleibt immer mit ihrem Ursprung verbunden, mit der Feier des Opfermahls. Sie bleibt nur dann inhaltlich erfüllt und gesund, wenn sie dieser Bezogenheit auf das Meßopfer eingedenk bleibt. Aber *so* darf sie auch unbefangen sein und die Tatsache, daß sie in der Kirche, die den Beistand des Geistes hat, durch Jahrhunderte unangefochten lebte und Früchte des Gei-

75

stes brachte, ist in sich schon eine Legitimation für den, der weiß, daß man den Geist Christi nicht individualistisch am Geist der Kirche vorbei finden kann.

V on da aus ist auch zu verstehen und zu deuten, was die katholische Christenheit am Fronleichnamsfest oder bei einem Eucharistischen Kongreß tut. Ein solcher Tag ist kein Tag der Demonstration gegen die Überzeugung anderer Christen. Würde man diesen Tag so betrachten (hüben oder drüben), würde man den Sinn dieses Sakramentes verkennen, das das Band der Einheit und der Liebe ist und immer mehr werden soll. Solchen Sinn kann dieses Fest schon deshalb nicht haben, weil der Brauch des Fronleichnamsfestes aus einer Zeit stammt, in der es keine Spaltung in der abendländischen Christenheit gab. Das Fest ist entstanden aus der Sitte der Flurprozessionen. In ihnen schreitet der Mensch die irdischen Dimensionen seines Daseins heiligend ab und trägt das „Heilige" (die Reliquien der Kirche bis eben – zum „Allerheiligsten") in seine ganze Welt hinein. Weil alles auch in seiner Vielfalt aus *einer* Wurzel wächst und zu *einem* Ende hinstrebt, verschränkt der Mensch in der Prozession die Räume und Vollzüge seines Daseins: die offene Weite der Welt wird zur Kirche, die Sonne zum Altarlicht, der frische Wind singt mit den Liedern der Menschen, an den Straßenecken des Alltags stehen die Altäre, die ernste Versammlung der vor Gott stehenden Menschen wird zum bunt-fröhlichen Zug der Schreitenden und die unbeschwerten Vögel des Himmels schneiden ihren Flug mitten durch das Beten, das von bekümmerter Erde aufsteigt, schon fast verwandelt in reinen Lobgesang. Und wenn die Christen der Kirche so durch die Räume ihres alltäglichen Daseins ziehen, dann wollen sie das mittragen, wollen sie auch das zeigen, was sie bei dieser greifbar und sichtbar gewordenen Bewegung ihres Daseins durch das Unstete zum Bleibenden hin trägt, was schon das Zeichen und die Verheißung, die sakramentale Gegenwart dessen ist, woraufhin sie sich bewegen, die ewige Erlösung, die unendliche Ruhe, das Leben, das keinen Untergang mehr hat, das Ziel, das alle Bewegung in sich aufnimmt und verwandelt. Und darum tragen sie das Sakrament ihrer Altäre mit. Es ist, als ob sie die gereizte und böse Profanität ihres großstädtischen Alltags in den Steinbrüchen dieser Städte einmal ganz nahe konfrontieren wollten mit dem schweigenden Heiligen, das sich sonst scheu in den Schreinen der Kirchen verbirgt, die auch hilflos und verloren irgendwo in diesen unübersehbaren Häusermeeren stehen. Natürlich kann die *entscheidende* Begegnung der profanen, schuldigen und erlösungsbedürftigen Welt mit der ewigen und leisen Macht der Gnade Gottes nur in den Herzen der Menschen geschehen. Aber die Christenheit will ausdrücken, will erscheinen lassen, daß die Gnade der Welt und nicht nur die Gewissen, das leibhaftige Leben und nicht nur die vagen und privaten Sehnsüchte der Menschen erlösen, heiligen und retten will. Und darum trägt sie das Sakrament des ewigen Lebens mitten durch die Alltäglichkeit der unheiligen Welt. Dieser Zug sagt: Wir haben den Gekreuzigten und Auferstandenen bei uns auf dieser Wanderung durch die Welt, er geht mit uns mitten durch unser Leben auf allen seinen Wegen, er begegnet uns in den Schicksalen, die uns an den Kreuzungen unserer Wege überfallen, er schaut uns unbekannt an aus dem Bruder, an dem wir gleichgültig vorbeilaufen. Wir tragen das Zeichen der Gegenwart dessen durch unsere Straßen, der der Weg und das Ziel ist, von dem wir bekennen, daß alle Wege gerade und zielvoll werden, wenn nur Er mitgeht.

Wir sind Christen. Das heißt aber, daß wir, was wir sind, immer neu, immer wahrer erst werden müssen. Der immer neue Anfang solchen immer erneuten Werdens ist aber das Eingeständnis, daß wir immer noch am Anfang sind und noch ein langer Weg vor uns liegt. Und so ist es auch hinsichtlich unseres Verständnisses des heiligen Opfermahles, das Christus seiner Kirche und somit uns hinterlassen hat als heilige Anamnese seines Leidens. Wir dürfen uns ruhig eingestehen, daß Geist und Herz in uns noch wenig begreifen von diesem Geheimnis, in dem das ganze Mysterium des Christentums versammelt ist. Es ist nicht verwunderlich, daß die Enge unseres Wesens nur schwer der Unendlichkeit dieser göttlichen Wirklichkeit Raum gewährt. Schrecklich aber wäre es, wenn wir diese Frage und die Kümmerlichkeit unseres Wesens zur Norm unseres Denkens machen würden und gleichgültig oder gereizt oder gar ungläubig gegenüber der unendlichen Forderung der Wahrheit uns in der dumpfen Alltäglichkeit unseres Lebens verschanzen wollten. Erbärmlich wäre es, wollten wir für immer uns begnügen mit den Dürftigkeiten und vielleicht halb magischen Mißverständnissen, die wir über dieses Sakrament noch mitschleppen aus dem Religionsunterricht und der Übung unserer Kindheit. Wir sollten begreifen lernen, was wir tun, wenn wir das Meßopfer mitfeiern, wenn wir das Sakrament empfangen. Dieses Tun sollte mehr sein als das Tun aus dem vagen Bedürfnis heraus, sich gegen Gott abzusichern und irgendwelche legalistisch verstandene Forderungen der Religion durch nur ganz dumpf geahnte religiöse Praktiken zu erfüllen. Hier ist das Mysterium der absoluten Nähe Gottes, das Geheimnis seines Christus, das Sakrament seines Todes, das Opfer seiner Kirche, die Kraft des Lebens, das Band der Einheit und der Liebe, die Vergebung der alltäglichen Sündigkeit, die Verheißung des ewigen Lebens, die Vorfeier der Ewigkeit, der neue und ewige Bund zwischen Gott und der Schöpfung, das Ereignis der zarten Begegnung des Herzens mit dem Gott des Herzens, die Annahme des Todes und des Lebens. All diese Wirklichkeit umfaßt zwar *immer* unser Leben und dringt vielleicht gerade mitten in seiner alltäglichsten Erbärmlichkeit als unsere Ewigkeit in die Mitte unseres Wesens, in unser Herz ein: in einer Stunde der bedingungslosen Treue, in der Finsternis des Todes, in der Seligkeit der Liebe (wer vermag zu sagen, wann gerade Gott die Mauern unseres Unglaubens siegreich übersteigt?). Aber ebendieses Geheimnis unseres Daseins erscheint in diesem Sakrament als das, was es ist, während wir es sonst übersehen und mißdeuten können. Und darum kann der Christ nicht meinen, die Kommunion des Lebens mit Gott bedürfe nicht der Kommunion mit Gott unter dem sakramentalen Zeichen, von dem genau dasselbe ausgesagt werden muß, was gilt vom Geheimnis unseres Lebens. Die wachsende Einweihung in beide in einem ist die Aufgabe unseres Lebens. Wir werden lange brauchen, bis wir wirklich echt verstanden haben, was so leicht dahingesagt wird über dieses Sakrament. Wir sollten um die Gnade *bitten,* im Glauben zu verstehen, was wir feiern, in Geist und Herz erleuchtet durch Weisheit und Liebe aufzunehmen, was wir mit dem Munde empfangen. Und Gott, der uns die Gnade bot, wird uns auch das Verständnis der Gabe schenken, ohne das die Gabe selbst unfruchtbar bliebe.

Wenn es uns schwerfällt, einen Zugang zum inneren Verständnis dieses Sakramentes zu finden, kehren wir bei uns selbst ein. Stellen wir uns dem Mysterium unseres *eigenen* Lebens, dem wir im Betrieb unseres Alltags und unter den Narkotika unserer Vergnügungen meist davonlaufen! Lassen wir die unendliche Sehnsucht in uns Macht gewinnen! Geben wir dem inwendigen Tod in uns Gehör! Erschrecken wir einmal über die grausame Einsamkeit des inwendigen Menschen in uns! Fragen wir uns einmal voll Ernst, ob die Unempfindlichkeit für Gott, die wir als Anklage gegen ihn oder als schon halb zugestandenen Beweis gegen sein Dasein zu werten versucht sind, nicht das ist, womit wir uns im verhohlenen Grund unseres Herzens schon verbündet haben, damit wir nicht die Menschen unendlicher Liebe sein müssen, die Menschen der Ewigkeit, die Menschen, die sich selig von Gott überfordern lassen! Wenn wir in dieser und ähnlicher Weise (es gibt deren unsagbar viele) unserem eigenen wahren Wesen ohne Ausweichen standhalten, dann wird plötzlich auch ein Verständnis dieses Sakramentes uns geschenkt werden. Denn was wir im Glauben von ihm hören, wird plötzlich ertönen als die Antwort auf die Frage, die in uns aufgestanden ist, die wir selbst sind. Wir leiden an der Qual der Gottesferne? Hier ist der,

der in der absoluten Finsternis des Todes sprach: Vater, in Deine Hände empfehle ich meinen Geist, hier ist er mit seinem Tod. Wir leiden an der Qual des Nichtliebenkönnens? Hier ist der, der in der Nacht, da er verraten wurde (verraten wurde durch uns alle), die Seinen liebte bis ans Ende. Wir möchten der Erde treu sein und das Werk dieser Erde nie mehr untergehen sehen? Hier ist die verklärte Welt in dem verklärten Fleisch des Auferstandenen, hier ist der Anfang der herrlichen Endgültigkeit dieser Erde! Nimm und iß das Unterpfand der Rettung und Herrlichkeit alles Fleisches! Uns quält die Zweideutigkeit, die Brüchigkeit und Hohlheit unseres eigenen Wesens, seine Schuld, sein Versagen, seine grauenvolle Erbärmlichkeit? Hier ist der, der für uns, da er ohne Schuld war, all die Abgründe unserer Schuld ausgelitten hat, da er für uns zum Fluch wurde, der uns, da er uns kannte bis in die letzten Abgründe hinein, angenommen, geliebt, geheilt hat! Es martert uns die Angst vor sinnlosen Untergängen? Hier ist der, der schon alle Untergänge vorweggenommen hat, sie erlöst hat und uns die Kraft in der reinen Ohnmacht gibt, sie anzunehmen. Hier ist alles: der Sinn, der Schmerz und die Seligkeit unseres Daseins. Verborgen. Und nur dem Glauben zugänglich. Aber wahrhaft und wirklich. O heiliges Gastmahl, so wollen wir mit der Kirche beten, in dem Christus empfangen wird, sein Leiden in andenkender Feier gegenwärtig ist und gegeben wird das Unterpfand der ankommenden Herrlichkeit.

Man darf sich vergeben lassen

Über das Sakrament der Buße

Wenn hier einige, bei der vorgegebenen Kürze unvermeidlich fragmentarische, Überlegungen
über das Bußsakrament vorgetragen werden sollen,
dann müssen wir uns notwendig zuerst mit dem dun-
kelsten und unverständlichsten Bereich des Menschen
und seiner Geschichte beschäftigen: mit seiner Schuld.
Es gibt ein dunkles Geheimnis voller und bleibender
Unbegreiflichkeit: Gott. Doch es ist gerade in seiner
Unbegreiflichkeit das lichte und bergende Geheimnis,
dem sich der Mensch in Glaube, Hoffnung und Liebe
anvertraut, um so befreit und selig zu werden. Aber
nach der Überzeugung der Menschheit und erst recht
nach dem Glauben des Christentums gibt es noch ein
anderes Geheimnis: die immer mögliche Schuld des
Menschen, der seine Freiheitsgeschichte noch nicht in
die Unbegreiflichkeit Gottes hinein vollendet hat. Die
Existenz dieses dunklen Geheimnisses der Schuld wird
letztlich vom Menschen doch nur vorgelassen und an-
erkannt, wenn er in einer wahren Umkehr zu Gott sich
hinwendet. Schon für einen Origenes gehörte die Unempfindlichkeit, die „Anästhesie" zur Eigentümlichkeit
wahrer Schuld selbst, ohne sie dadurch aufzuheben. Es
kann nach christlicher Überzeugung, so unbegreiflich
dies scheinen mag, ein freies Nein zu Gott geben, das
sich zwar an einem falschen Verhältnis des Menschen
zu sich, dem Mitmenschen und zu den Dingen der
Welt vollzieht, aber wirklich ein Nein zu Gott ist, das in

seiner letzten Absicht, wenn auch nicht notwendig reflektiert und thematisiert, auf seine eigene Endgültigkeit und Unwiderruflichkeit hinstrebt und dieses Ziel
auch erreicht, wenn im Tode die Freiheitsgeschichte
des Menschen sich vollendet und dadurch die Endgültigkeit des freien Neins zu Gott als Gericht und endgültige Verlorenheit in Erscheinung tritt.

Daß es eine Schuld dieser Art gibt durch eine Freiheit, die doch endlich ist, auch in der schuldigen
Tat noch von einer Bewegung auf das Gute im allgemeinen hin getragen, den vielfältigsten Bedingtheiten
des Menschen in allen Dimensionen seines Lebens unterworfen ist, das ist wirklich ein unbegreifliches Geheimnis. Freilich ein Geheimnis, dessen grundsätzliche
Leugnung die letzte Würde des Menschen aufheben
würde, die Würde der Verantwortung und der freien
Liebe, der Freiheit, die nicht nur ein Wahlvermögen
zwischen diesen und jenen endlichen Lebensgütern bedeutet, sondern die Freiheit gegenüber der letzten Sub-
jekthaftigkeit des Menschen als einer und ganzer und
gegenüber dem letzten umfassenden Grund aller Wirklichkeit, gegenüber der absoluten Zukunft des Menschen, dem Grund seiner Freiheit, dem Geheimnis
schlechthin, das wir Gott nennen. Wo solche Schuld
gegeben ist, die hier als das dunkle Mysterium des
Menschen schlechthin gemeint ist, handelt es sich nicht
bloß um eine sachlich nicht gemäße Entscheidung für
dieses oder jenes einzelne, nicht um diese oder jene
partikuläre Torheit und Irrung, die bei der Endlichkeit

und Bedingtheit des Menschen in keinem Leben feh-
len, das sich selber erst noch verstehen und finden muß
im Lernprozeß raumzeitlich gestreuter Freiheit, sondern um einen letzten, von sich aus sich als unwiderruflich verstehenden Protest gegen sich als ganzen
selbst und gegen Gott. Wo dies nicht, auch nicht unthematisch und unreflektiert, in der letzten Tiefe der Existenz und der ursprünglichen Freiheit gegeben ist,
kann von dieser hier zunächst und eigentlich gemein-
ten Schuld nicht die Rede sein. Man kann ihr eigentli-
ches, einmaliges und unvergleichliches Wesen nicht
verstehen, wenn man sich an den Vorkommnissen des
alltäglichen Lebens orientiert, in denen ein Mensch
„bewußt" und „frei" gegen partikuläre Einzelvorschrif-
ten verstößt, die unter der Obhut einer von außen her
strafenden höheren Instanz stehen. Man kann zwar solche Orientierungsmodelle nicht ganz vermeiden, aber
sie erreichen das eigentliche Wesen der Schuld vor
Gott nicht, da diese nicht ein nur verstärkterer Fall eines allgemeinen Verstoßes gegen Gesetzesübertretung
ist. So wenig man Gott (wenn man wirklich begreift,
was mit diesem Wort gemeint ist) sich vorstellen darf
als einzelne partikuläre Wirklichkeit (wenn auch mäch-
tigster Art) unter und neben den anderen Einzelwirk-
lichkeiten, die unsere Welt ausmachen, so wenig kann
man die Schuld vor Gott verrechnen und einordnen unter die Gesetzesverstöße, die wir unter Umständen gegen Normen und Autoritäten in unserer Welt begehen,
obwohl wir diese grundsätzlich als legitim anerkennen.

Aber nochmals: *Daß* es solche eigentliche Schuld vor Gott geben kann, das ist ein unbegreifliches Geheimnis. Schon darum weil wir trotz allem Erbärmlichen und Schrecklichen in der Welt und ihrer Geschichte nie mit dem Finger auf ein ganz bestimmtes Ereignis darin hinweisen können und eindeutig und mit letzter Gewißheit sagen dürfen: Hier ist solche Schuld vor Gott geschehen. Wir können als Christen zwar sagen und müssen es auch, daß das Kreuz und der Tod Jesu in eigentlicher *Schuld* ihre Ursache hat. Aber abgesehen davon, daß wir auch von dieser Schuld nicht mit absoluter Sicherheit wissen, daß sie sich in endgültige Verworfenheit und Verlorenheit hinein vollendet hat und von der Gnade des Kreuzes Jesu an dieser Endgültigwerdung nicht gehindert wurde, so können wir auf jeden Fall letztlich diese Schuld, die „Sünde der Welt", die Jesus in den Tod gestürzt hat, nicht in ganz bestimmten einmaligen Personen und Taten eindeutig lokalisieren und genau zwischen den letztlich naiven Handlangern und den eigentlichen Tätern dieser Schuld voll höllischer Verdammnis unterscheiden. Die moderne Welt hat nun durch ihre Wissenschaften der Psychologie, der Tiefenpsychologie, der Gesellschaftswissenschaften heute abertausend Bedingtheiten des Menschen entdeckt, die in jedem Einzelfall die Frage berechtigt stellen lassen, ob hier und jetzt wirklich letzte Schuld vor Gott trotz den selbstverständlich immer auch gegebenen und bis zu einem gewissen Grade entschuldigenden Bedingtheiten des schuldig werdenden Menschen gegeben ist oder solche Schuld trotz aller Furchtbarkeit zerstörerischer Taten des Menschen in Wahrheit nicht gegeben ist, und diese Fürchterlichkeit solcher menschlicher „Verbrechen" doch nur unter jene Fürchterlichkeiten der Welt und Geschichte verrechnet werden muß, die durch Gottes Willen in Naturkatastrophen, Seuchen, Hungersnöten, Degenerationsprozessen des biologischen Lebens des Menschen usw. gegeben sind. (Man kann letztlich Gott von solchen Schrecken der Natur in der Menschheitsgeschichte nicht entlasten durch die Berufung auf die „Erbsünde", weil dadurch das Problem der Zulassung der Schuld durch Gott nur verschoben würde, weil nicht verständlich würde, warum Folgen der Erbsünde auch persönlich Unschuldige treffen können, weil Gott ja solche Menschen trifft, die er trotz der Erbsünde mit einem radikalen Heilswillen in Christus liebt.) Wir Menschen sind zwar geneigt, dort auf wirkliche Schuld vor Gott mit deren radikalen Folgen zu erkennen, wo solche schrecklichen Taten anderer *uns* persönlich treffen und die „heile" Welt, die wir haben wollen, erheblich mindern oder zerstören. Aber wo wir selbst dieses oder jenes tun, dem aus den verschiedensten äußeren Umständen heraus die gräßlichen Folgen der großen „Verbrechen der Weltgeschichte" versagt sind, das aber, in seinem letzten Ursprung, der innersten Gesinnung gewürdigt, wohl kaum anders ist als der Ursprung dieser Verbrechen („Hitler in uns"), da sind wir nur zu leicht geneigt, alle uns von den genannten Wissenschaften zur Verfügung gestellten Gründe zu benutzen, um uns von wirklicher, radikaler Schuld vor Gott freizusprechen. Und wir haben dabei gewiß nicht immer Unrecht. Es gibt tausend Gründe von der Veranlagung, dem gesellschaftlichen Milieu, der mißglückten Erziehung, der Erbmasse, den gesellschaftlichen Zwängen, der öffentlichen Meinung, der vorgegebe-

nen Begrenztheit unserer Motivation und so weiter
her, die uns in vielen Fällen mit Recht entlasten. Und
selbst dort, und in dem Fall, in dem sogar wir selbst geneigt sind, eine wirklich freie und vor Gott zu verant-
wortende Schuld auf uns zu nehmen und einzugeste-
hen und nicht wegzudisputieren, ist immer noch nicht
absolut sicher, daß wir eine solche Schuld begangen haben. Denn (von allem anderen abgesehen) ist das Ge-
samt der Motivationen einer Tat und das davon, was
wir reflex und deutlich davon in unserer Tat ergriffen
und uns reflex zu eigen gemacht haben, nicht identisch
und darum kann eigentlich kein Mensch mit einer absoluten Sicherheit und Reflektiertheit sagen, ob er in einem bestimmten Falle wirklich schuldig geworden ist
oder gegen den Anschein, der sich einem selber auf-
drängt, es doch nicht ist. Wir können nach dem Evangelium weder über andere noch über uns selbst im
konkreten Fall mit eindeutiger Sicherheit über Schuld
vor Gott urteilen. Wir haben zwar das Recht und die
Pflicht, aus einer menschlichen Beurteilung einer Tat
(der eigenen und unter weiteren Voraussetzungen des
anderen), so wie uns eine solche Beurteilung eben mit
all ihrer Problematik möglich, aber auch unvermeidlich
ist, praktische Konsequenzen zu ziehen. (Ein Mörder
wird von der Gesellschaft bestraft; man beurteilt sich
selbst als schadenersatzpflichtig dort auch, wo eine solche Verpflichtung nur bei Schuld gegeben ist; man erkennt auf die Pflicht einer sakramentalen Anklage einer
Schuld und so weiter.) Aber es bleibt dabei: ein absolutes Urteil über eine wirkliche Schuld vor Gott im bestimmten Einzelfall ist dem Menschen nicht möglich.
Man kann keinen konkreten Fall von Schuld angeben,
in dem es schlechthin sicher ist, daß eine solche ver-

dammungswürdige Schuld vor Gott vorliegt. Man
kann (das folgt daraus) keine eindeutige und konkrete
Dosierung im konkreten Christenleben vornehmen
zwischen Zuversicht und Hoffnung einerseits und
Furcht anderseits bezüglich des Heiles. Man kann nicht
selber Schafe und Böcke eindeutig unterscheiden, man
kann das Weltgericht Gottes nicht vorwegnehmen.
Auch die Geschichte der Kirche und ihrer Heiligen ist
darum auch nicht einfach die Geschichte des reinen
Guten.

D iese Situation des Menschen in der Unmöglichkeit
einer eindeutigen Beurteilung und Unterscheidung zwischen Gut und Böse (was etwas anderes ist als
die Unterscheidung irdischer und menschlicher Sach-
gemäßheit und Sachwidrigkeit) erlaubt dem Menschen
nun gerade nicht einen harmlosen Optimismus in dem
Gedanken, die Welt sei gewiß nicht so schlimm, es
gäbe zwar viel Schreckliches in den Taten der Menschen, dieses sei aber im allerletzten trotz gegenteiligen
Anscheins die Schrecklichkeit der einer Freiheit voraus-
liegenden „Natur", die Gott und nicht der Mensch zu
verantworten und endlich zum Guten zu lenken habe.
Auch wenn dieses Schreckliche der Natur (Vererbung,
harte Gesetze der Psychologie, gesellschaftliche
Zwänge usw.) in einer letztlich für uns nicht analysier-
baren Weise mit dem Schrecklichen der Freiheit ver-
mischt ist in aller menschlichen Geschichte, so daß wir
immer anscheinend genügende Gründe haben, das
Schreckliche der Freiheit in das Schreckliche der Natur

hinein aufzulösen und uns so zu entlasten, so besteht eben doch nach christlicher Überzeugung auch das Böse der Freiheit in der Welt. Und gerade der Umstand, daß es nicht rein isoliert und auf ganz bestimmte Einzelpunkte der Geschichte des einzelnen und der Menschheit begrenzt werden kann, macht die menschliche Situation unheimlich: dieses wirklich Böse der Schuld vor Gott kann sich auch hinter dem scheinbar Guten, hinter jenen Harmlosigkeiten verbergen, von denen man sagt, wer alles verstehe, könne auch alles verzeihen. Eine scheinbar harmlos entstehende Richtung einer personalen Entwicklung (unter Umständen auch in relativ jungem Alter) kann (was nicht heißt: muß) die nur scheinbar harmlose Oberfläche und Fassade einer, wenn auch noch diffusen, Lebensentscheidung von wirklicher böser Schuld sein. Wenn eine wirkliche Schuld gar nicht eindeutig in einem reflexen Selbstverständnis auf einen ganz bestimmten Punkt einer menschlichen Geschichte festgelegt werden kann, wenn die scheinbar handfeste Schuld in Freiheit an einem ganz bestimmten Punkt einer Individualgeschichte unter Umständen doch nur die unerbittlich kommende Folge einer viel früher getroffenen Grundentscheidung sein kann, die viel unauffälliger und unreflexer, aber in wahrer ursprünglicher Freiheit getroffen worden ist (wo und wann, das kann man vielleicht gar nicht reflex eindeutig sagen), und wenn es dennoch nach christlicher Grundüberzeugung dieses wirklich Böse der Schuld vor Gott geben kann, dann steht der Christ seinem ganzen Leben mit einer heilig vorsichtigen Skepsis gegenüber, dann wird für ihn die doch nicht konkret eindeutig durchführbare Unterscheidung zwischen bloßer Möglichkeit und eigentlicher Wirklichkeit freien Bösen im eigenen Leben gar nicht so wichtig sein, dann wird er mit seinem ganzen, von ihm doch nicht letztlich beurteilbaren Leben zu Gott, seiner Gnade und Vergebung fliehen. Prüfung des Lebens, Gewissenserforschung, Unterscheidung von guten und schlechten Handlungen wird dennoch immer zu einem echt menschlichen und somit auch christlichen Leben gehören, weil wir das Unsere tun und erst das dunkel gebliebene Getane Gott schweigend und hoffend anvertrauen dürfen.

Ehe wir nun von da aus das von uns in dieser unaufhebbar dunklen Situation unserer Existenz zu erhoffende Wort der Vergebung Gottes und auf dieses im Munde der Kirche reflektieren können, ist noch ein anderes zu bedenken: die Unaufhebbarkeit der menschlichen Schuld durch den Menschen allein, dort wenigstens, wo solche Schuld in dem eben angedeuteten Sinn wirklich vorliegt oder vorliegen kann. Diese Unaufhebbarkeit der wirklichen Schuld vom Menschen allein her darf nun nicht verstanden werden vom Modell eines Verstoßes her, den ein Mensch in der bürgerlichen Gesellschaft gegen einen anderen begeht und dafür auch noch haftbar bleibt, wenn er diesen Verstoß bedauert und gern hätte, er sei nie geschehen. (Dabei ist es bei diesem unzureichenden Modell nochmals gleichgültig, ob der gedachte Verstoß dem anderen einen materiellen Schaden oder eine Verletzung seiner persönlichen Würde zugefügt hat. In beiden Fällen ist dieses Modell für das Verständnis der Unaufhebbarkeit

einer Schuld vor Gott durch den Menschen allein unzulänglich.) Diese Unaufhebbarkeit der Schuld muß gerade unter der Voraussetzung verstanden werden, daß
eine Umkehr zu Gott, eine freie Distanzierung der früheren Entscheidung gegenüber, so wie dies Tat des
Menschen als solchen allein ist, noch keine Aufhebung
der Schuld bedeutet. Mit dieser Feststellung ist freilich
umgekehrt nicht geleugnet, daß, wenn und wo eine solche Umkehr selber schon von Gottes gnadenhafter Zuwendung, von seiner Vergebungsbereitschaft getragen
ist, solche Umkehr auch schon selbst die Aufhebung
der Schuld ist und deren Vergebung nicht eigentlich
eine nachträgliche Reaktion Gottes auf diese „Reue" bedeutet. Die Hoffnungslosigkeit der Schuld von ihr
selbst her ist eine dunkle und nur schwer deutbare Eigentümlichkeit der Schuld. Gerade die angenommene
Erfahrung dieser Hoffnungslosigkeit, die verdrängen
zu wollen selbst noch einmal zum Geheimnis der
Schuld gehört, ist schon eine Art Anfang der Umkehr.
Die hoffnungslose Unaufhebbarkeit der Schuld ist zunächst einmal begründet (soweit man so etwas überhaupt näher zu erklären versuchen kann) in der
dialogischen Eigentümlichkeit der Existenz des Menschen auf Gott hin. Wenn dieses Verhältnis freie Geschichte ist und zwar von beiden Seiten, also auch von
Gott her, dann ist ein solches positives Verhältnis zwischen Gott und Mensch nicht dadurch allein schon
wieder hergestellt, daß der schuldige Mensch sein Nein
zu Gott zu widerrufen versucht. Die heilbedeutende
Liebe zwischen Gott und Mensch ist durch die freie Tat
Gottes so sehr konstituiert, daß der Mensch sogar seine
eigene Liebe zu Gott trotz deren Freiheit nochmals als
Geschenk der freien Liebe Gottes zu ihm verstehen

muß. Die personale Selbsterschließung und Selbstmitteilung Gottes in seiner Liebe zum Menschen ist an
sich und als Ermöglichung unserer Liebe zu ihm Freiheit Gottes und bleibt es immer, gleichgültig, ob man
solche dem umkehrenden Sünder geschenkte Liebe als
uneinklagbares *Bleiben* solcher Liebe oder als *neue* Zuwendung Gottes verstehen will. Diese Freiheit der
Liebe Gottes macht aber wohl noch nicht den ganzen
Grund für die Unaufhebbarkeit der Schuld vom Menschen her aus. Oder es müssen wenigstens weitere, im-
plizit in dieser Freiheit göttlicher Liebe enthaltene
Momente noch deutlicher gemacht werden, um diese
Hoffnungslosigkeit der Schuld von ihr selbst her eini-
germaßen zu begreifen. Wir haben schon früher gesagt,
daß das Wesen auch menschlicher Freiheit nicht verstanden wäre, wollte man sie begreifen als das Vermö-
gen immer offenbleibender Wahl, die immer aufs neue
revidiert werden kann und so ins Leere schweift. Freiheit ist trotz ihrer zeitlichen Geschichtlichkeit von sich
aus der Wille zum Endgültigen. Nur so ist ja zu verstehen, warum eine kurze zeitliche Geschichte des Menschen bis zu seinem Tod sinnvollerweise Endgültigkeit
von Heil oder Verlorenheit schaffen kann, da man ja
sich Gott nicht denken kann als denjenigen, der eine
solche Freiheitsgeschichte, wenn sie von sich aus noch
länger weitergehen wollte, willkürlich von außen ab-
bricht, oder da man christlich nicht mit einer immer
weitergehenden „Seelenwanderung" rechnen darf. Von
da aus wird die Erfahrung in ihrem eigentlichen Gehalt
verständlich, in der ein Mensch, auch wenn er noch in
einer offenen Geschichtszeit steht, das Vergangene seiner Freiheitsgeschichte nicht als das Verweste empfindet, es nicht darum schon aufgehoben erfährt, weil er

jetzt etwas sinnt und tut, was im Widerspruch zu seiner vergangenen Entscheidung steht. Wenn jemand seine frühere Freiheitstat als bleibend und unwiderruflich empfindet, wenn er Vergessen oder Widerrufen als machtlos erfährt gegenüber dem „Ewigen", das sich eigentlich in seiner früheren Freiheitstat ereignet hat, dann nimmt er seine frühere Geschichte nicht zu wichtig, er erlebt vielmehr das Eigentliche und Unheimliche seiner Freiheit. Und wenn er sich dann dennoch, in einer Hoffnung, die sich nicht durch sich selbst ausweisen kann, sagt, es müsse die Möglichkeit geben, daß die unheimliche „Ewigkeit" seiner Schuld aufgehoben werde, obwohl eine solche Möglichkeit im Bereich seiner bloß menschlichen Erfahrung gar nicht zu entdecken sei, obwohl er z. B. die Erfahrung macht, er sei und bleibe in alle Ewigkeit einer, der seine Liebe und Treue verraten hat, dann appelliert solche Hoffnung gerade auf jenes auch noch einmal alle menschliche Freiheit mit ihrer „Ewigkeit" umfassende Geheimnis, das wir Gott nennen, so daß man fast sagen könnte, man habe von „Gott" erst dann etwas verstanden, wenn man glaubt und hofft, es gäbe gegen alle Selbsterfahrung der Freiheit denjenigen, der die „Ewigkeit" der bösen Tat aufheben könne, welche Ewigkeit natürlich nicht in dem Gedanken verharmlost werden kann, ein Geschehenes könne natürlich nicht ungeschehen gemacht werden, dies aber, das von allem Zeitlichen und Vergehenden gilt, sei auch nicht besonders aufregend, da das Vergangene zwar nicht ungeschehen gemacht werden könne, aber von selber vergangen sei. Wer will, kann sich die Unheimlichkeit der „Ewigkeit" einer freien Tat zwar verständlicher machen durch die Unterscheidung einer vorübergehenden Tat und der an sich bleibenden

Folgen. Aber die so erzielte Verständlichkeit verdunkelt eben doch wieder das Geheimnis der freien Tat, deren „Ewigkeit" nur einen einzigen Mächtigeren kennt: die die Schuld selbst wirklich aufhebende Liebe, deren Unbegreiflichkeit, die gerade hier erscheint, zur Unbegreiflichkeit Gottes als solchen selber gehört.

E he wir unmittelbar dieses vergebende Wort Gottes bedenken, ist noch kurz auf eine Unterscheidung in der traditionellen christlichen Lehre von der Sünde hinzuweisen: die Unterscheidung zwischen der schweren Schuld (Todsünde genannt), von der wir bisher gesprochen haben, und den sogenannten „läßlichen" Sünden des Alltags. Diese Unterscheidung ist an sich legitim, weil die in Raum und Zeit gedehnt und gestreut sich vollziehen müssende Freiheit des Menschen gar nicht immer mit jenem letzten Engagement sich vollziehen kann, das ein wirkliches Nein zu Gott begründen kann, und weil in der Pluralität und Oberflächlichkeit des menschlichen Alltags dem Menschen gar nicht immer ein konkreter Gegenstand zur Verfügung steht, an dem ein solches absolutes Ja oder Nein zu Gott sich zu sich selber vermitteln kann. Aber so richtig diese Unterscheidung an sich ist, so darf sie doch nach dem früher Gesagten nicht so billig verstanden werden, als ob es bezüglich der konkreten Frage, ob in einem bestimmten Fall eine schwere oder eine bloß läßliche Sünde vorliege, eine bestimmte Antwort ganz einfach sei. Auch hinter einer bürgerlichen Wohlanständigkeit, in der nur scheinbar harmlose moralische Verstöße festzustellen sind, kann sich ein letzter Unglaube und eine lieblose Herzenshärte Gott gegenüber verstecken, die das Heil wirklich in Gefahr bringen. Die Unterscheidung zwischen beiden, sehr wesentlich und nicht graduell verschiedenen, Sündenarten, von denen nur die eine „vom Reich Gottes ausschließt" (wie Paulus sagt), kann praktisch wichtig sein in der Frage, ob eine bestimmte Schuld dem kirchlichen Bußgericht in der „Beichte" unterworfen werden muß oder nicht. Die Schwierigkeit der Unterscheidung macht es aber auch sinnvoll, zum sakramentalen Vergebungsort der Kirche sich hinzuwenden, auch wenn man nur „läßliche Sünden" zu bekennen hat.

Wenn man wirklich verstanden hat, was Schuld als Möglichkeit oder als schreckliche Wirklichkeit in unserem Leben bedeutet, wenn man erfahren hat, wie ausweglos wirkliche Schuld vor Gott vom Menschen allein her ist, dann verlangt man, das Wort der Vergebung von Gott zu hören. Man wird es nie als selbstverständlich empfinden, sondern als Wunder seiner Gnade und seiner Liebe. Man hätte ja Gott überhaupt nicht auch nur von ferne verstanden, wenn man denken würde, wie Heine zynisch sagte, es sei Gottes „Metier", zu vergeben. Vergebung ist das größte und unbegreifliche Wunder der Liebe Gottes, weil sich Gott selbst in ihr mitteilt und dies einem Menschen gegenüber, der in einer bloß scheinbaren Banalität des Alltags das Ungeheuere fertiggebracht hat, zu Gott Nein zu sagen.

Wo ist dieses Vergebungswort Gottes zu hören, das nicht nur Folge, sondern auch im letzten Grund Voraussetzung für die Umkehr ist, in der der schuldige Mensch glaubend, reuig, vertrauend sich Gott zuwendet und übergibt? Dieses leise Vergebungswort kann in der Tiefe des Gewissens gehört werden, weil es ja schon als tragender Grund mitten in jener vertrauenden und liebenden Rückwendung des Menschen zu Gott innewohnt, in der der Mensch, sich selbst richtend, der barmherzigen Liebe Gottes die Ehre gibt. In der weiten Länge und Breite der Menschheitsgeschichte muß dieses leise Vergebungswort allein in unzähligen Fällen genügen. Aber was so meist verborgen und unartikuliert in der Geschichte der Gewissen geschieht, nämlich die allen Heil und Vergebung anbietende Gnade Gottes hat doch selbst ihre Geschichte in Raum und Zeit und dieses raumzeitlich konkret werdende Vergebungswort Gottes an die Menschheit hat ihren Höhepunkt und eine letzte geschichtliche Unwiderruflichkeit gefunden in Jesus Christus, dem Gekreuzigten und Auferstandenen, in dem, der liebend sich solidarisierte mit den Sündern und für uns in der letzten Tat seines Glaubens, Hoffens und Liebens mitten in der Finsternis seines Todes, in dem er die Finsternis unserer Schuld erfuhr, das Vergebungswort Gottes für uns annahm. Dieses Vergebungswort Gottes in Jesus Christus, in dem die Unbedingtheit dieses Wortes auch geschichtlich unwiderruflich geworden ist, bleibt Gegenwart in der Gemeinde der an diese Vergebung Glaubenden, in der Kirche. Die Kirche ist das Grundsakrament dieses Vergebungswortes Gottes. Dieses eine Vergebungswort, das die Kirche ist, und das in ihr lebendige Gegenwart von Macht und Wirksamkeit bleibt, artikuliert sich entsprechend dem Wesen des Menschen in vielfacher Weise. Es ist als grundsätzliche Botschaft an alle gegenwärtig in der Verkündigung der Kirche: Ich glaube ... die Vergebung der Sünden, heißt es im Apostolischen Glaubensbekenntnis. Dieses Vergebungswort der Kirche wird in einer grundlegenden Weise, die für die ganze Geschichte eines einzelnen grund- und maßgebend bleibt, dem einzelnen von der Kirche zugesprochen im Sakrament der Taufe. Dieses Vergebungswort bleibt lebendig und wirksam in dem Gebet der Kirche, in dem sie für sich, die Kirche der Sünder, und für jeden einzelnen zuversichtlich das Erbarmen Gottes immer neu erbittet und so die immer neue und immer zu vertiefende Umkehr des Menschen begleitet, die erst in seinem Tod zur Vollendung und zum endgültigen Sieg kommt. Dieses Vergebungswort (immer aufbauend auf dem in der Taufe gesprochenen Wort) wird dem einzelnen nochmals von der Kirche in besonderer Weise zugesagt, wo und wenn der Christ, der auch nach der Taufe Sünder bleibt und in neue schwere Schuld fallen kann, seine große Schuld oder die Armseligkeit seines Lebens reuig der Kirche in ihrem Vertreter bekennt oder unter Umständen auch in einem gemeinsamen Bekenntnis einer Gemeinde vor Gott und seinen Christus bringt. Wenn dieses Vergebungswort Gottes durch den dazu eigens beauftragten Vertreter der Kirche einem einzelnen Getauften auf sein Schuldbekenntnis hin gesagt wird, nennen wir dieses Ereignis des Vergebung schaffenden Wortes Gottes die Spendung des Bußsakramentes.

Insofern dieses wirksame Vergebungswort gerade dem schon getauften Glied der Kirche auf sein Bekenntnis hin zugesagt wird, hat dieses Vergebungswort

eine bestimmte Eigenart: Der getaufte Christ als Glied
der Kirche hat in seiner großen oder „kleinen" Schuld
sich auch in Widerspruch gesetzt zu dem Wesen der
heiligen Gemeinschaft, der er angehört, zur Kirche, deren Existenz und Leben das Zeichen dafür sein soll, daß
die Gnade Gottes als Liebe zu Gott und dem Menschen
in der Welt siegreich ist. Durch ihr Vergebungswort
vergibt somit die Kirche auch das Unrecht, das die
Schuld des Menschen dieser Kirche antut. Ja, man darf
sagen, daß die Kirche die Schuld durch das Vergebungswort Gottes, das ihr anvertraut ist, vergibt, *indem*
sie das ihr angetane Unrecht dem Menschen vergibt, so
ähnlich, wie sie den Heiligen Geist der Kirche in der
Taufe dem Menschen mitteilt, *indem* sie ihn in sich als
den Leib Christi eingliedert. Weil dieses Vergebungswort der Kirche in die konkrete Schuldsituation des
einzelnen hinein, als Wort Christi und mit dem letzten
Engagement der Kirche ihrem Wesen entsprechend gesprochen, nicht bloß ein Reden über die Vergebung
Gottes ist, sondern deren Ereignis, ist dieses Wort
wirklich ein Sakrament. Hier geschieht das, was Mt
16,19 und 18,18 und Joh 20,20–23 gesagt wird: die
Kirche löst so „auf Erden" (d.h. in ihrem Bereich) in
Nachlassung der Sünden, daß der Mensch auch „im
Himmel" (in der Nachlassung der Schuld vor Gott) gelöst ist. Daß so ein solches Gnadenereignis ausgesagt
und durch das sakramentale Zeichen des menschlichen
Vergebungswortes bewirkt wird, das auch *ohne* dieses
Zeichen überall durch Gottes Gnade allein bewirkt werden kann und bewirkt wird, wo Menschen sich dem
heiligen Spruch ihres Gewissens gehorsam unterstel-
len, hebt die Sakramentalität und die verpflichtende
Notwendigkeit dieses kirchlichen Vergebungswortes

bei vorliegender schwerer Schuld eines Getauften so wenig auf, wie die Sakramentalität, Wirksamkeit und Notwendigkeit der Taufe nach der Lehre aller christlichen Kirchen durch den Umstand aufgehoben wird, daß ein Mensch in Glaube, Hoffnung und Liebe schon gerechtfertigt und mit dem Geiste Gottes erfüllt werden kann, wo er von der Notwendigkeit der Taufe ohne eigene Schuld nichts weiß, und als Erwachsener normalerweise schon als Gerechtfertigter zur Taufe kommt. In beiden Sakramenten soll nach Gottes Willen zu seinem Fleisch-gewordenen Wort in Erscheinung treten, was seine Gnade in der Tiefe der menschlichen Existenz vergebend und heiligend bewirkt.

Die Sakramentalität dieses Vergebungswortes der Kirche dem einzelnen gegenüber ist feierlich gelehrt worden im Konzil von Trient (1547 und 1551). Hier ist auch festgestellt worden, daß in dem Falle einer nach vernünftigem menschlichen Ermessen sicher festgestellten, objektiv und subjektiv schweren Schuld eine Pflicht besteht, diese Schuld dem sakramentalen Vergebungswort der Kirche zu unterstellen. Wo eine solche auch subjektiv schwere Schuld nicht mit genügender Sicherheit gegeben ist, besteht auch keine Pflicht zur sakramentalen Einzelbeichte, auch nicht zu einer „jährlichen Beichte". Aus dem schon Gesagten und aus der Praxis und Empfehlung der Kirche steht aber ebenfalls fest, daß eine sakramentale Vergebung von Sünden auch dann sinnvoll und segensreich ist, wenn eine strenge Pflicht ihrer sakramentalen Tilgung nicht gegeben ist. Ob in solchen Fällen ein Einzelbekenntnis oder eine Teilnahme an einer „Bußandacht" der Gemeinde empfehlenswerter und heilsamer ist, hängt von der subjektiven Mentalität des einzelnen und von der Verfassung der konkreten Gemeinde ab.

Ob eine schwere Schuld in einer Einzelbeichte vergeben wird, ob ein Mensch für seine „läßlichen Sünden" das Vergebungswort der Kirche erhält, ob durch Glaube, Hoffnung und Liebe im Alltag des Lebens für solche Sünden die Bitte des Vaterunsers: vergib uns unsere Schuld, erhört wird, so muß auf jeden Fall zweierlei gesehen und nach Kräften realisiert werden: Zunächst einmal ist wahre Abkehr von (großer oder kleinerer) Schuld und Hinkehr zu Gott nur möglich in dem Maße, in dem ein Mensch die Schuld überwindet, die er gegen den Nächsten begangen hat. Diesen Aspekt der Verletzung der Nächstenliebe hat eigentlich in irgendeinem Sinn und Umfang jede Schuld. Selbst die ganz verborgenen bösen Gedanken bewirken eine innere Disposition, die unweigerlich auf Tatverstöße gegen die Nächstenliebe hindrängen. Insofern hat jede Schuld auch einen „gesellschaftlichen" Aspekt. Wenn dieser bei der Abkehr von Schuld beachtet werden soll, dann kann sich diese Abkehr mindestens in sehr vielen Fällen nicht mit einem bloßen Bedauern über die frühere Tat begnügen. Das konkrete praktische Verhältnis zum Nächsten muß bereinigt werden. Dabei darf nicht vergessen werden, daß es sehr viel Ungerechtigkeit und Lieblosigkeit in der Welt gibt, für die wir verantwortlich sind, die aber im durchschnittlichen Alltagsbewußtsein der Menschen und der Gesellschaft gar nicht deutlich werden. Ausnützung von gesellschaftlicher

Macht zum eigenen Vorteil, schuldhafte wirtschaftliche
Vorteile, die uns ungerechte Strukturen der Gesellschaft zuspielen und von uns egoistisch nur gar zu
selbstverständlich in Anspruch genommen werden,
solche und ähnliche Sünden gegen die Nächstenliebe
und die Gerechtigkeit müßten bedacht und überwunden werden, auch wenn sie in den üblichen Beichtspie-
geln gar nicht vorkommen. Wenn der „Friede mit der
Kirche", der ein inneres Moment an der Vergebung im
Bußsakrament ist, nicht nur eine harmlose Ideologie
sein soll, dann muß der Christ begreifen, daß solcher
Friede mit der Kirche nur Wahrheit und Wirklichkeit
ist, wenn er auf einem sehr nüchternen und realisti-
schen Bemühen um mehr Gerechtigkeit und Liebe im
Alltag aufruft. Darum sollte auch eine Bußandacht
nicht der Gefahr erliegen, auch noch einmal ein liturgisch vorgeplantes Ritual zu werden, sondern sollte
eine Gelegenheit sein, in der eine konkrete Gemeinde
von Christen sich den wirklichen Ungerechtigkeiten
stellt, die in ihr, nach einem bürgerlichen Comment wie
selbstverständlich, gegeben sind. Man könnte ein Wort
aus der Bergpredigt (Mt 5, 23 f.) einmal so umformulie-
ren: Wenn du also in den Beichtstuhl trittst und dich
dort erinnerst, daß dein Bruder etwas gegen dich hat,
dann geh zuerst hin und versöhne dich mit deinem
Bruder, dann komm und empfange das Vergebungswort Gottes und der Kirche, das nur dann wahr und
wirklich ist, wenn dir dein Bruder zuerst vergeben hat.
Die alte Bußpraxis mit ihren langen und harten Bußzei-
ten, bevor der Sünder wieder mit der Kirche und dadurch mit Gott versöhnt wurde, zeigt, daß die Kirche
früher ein sehr deutliches Bewußtsein davon hatte, daß
das sakramentale Lossprechungswort die innere, echte

und sehr real sich auswirkende Abkehr von der Schuld nicht ersetzen kann, sondern auf ihr als einer unbedingten Voraussetzung aufruht.

Die „Genugtuung", die der Priester im Bußsakrament dem Beichtenden auferlegt, kann nichts anderes sein als ein ganz kleines Zeichen dafür, daß die Bereitschaft gegeben sein muß, jene innere und konkrete Umkehr anzustreben, mit dem ein unbekehrtes Herz sich vergebens gegen den heiligen Gott abzusichern versuchen würde.

Ein Zweites ist hier noch zu sagen. So sehr die wirklich schwere Schuldtat als solche im Sakrament bekannt werden muß, so ist dennoch die sakramentale Beichte im letzten Sinn die immer erneute Selbstübergabe des einen und ganzen Menschen an die barmherzige Gnade Gottes, des Menschen, der gerade im „Gericht" dieses Sakramentes sich selbst mit all seiner undurchschaubaren Vergangenheit, Gegenwart und unkalkulierbaren Zukunft bedingungslos Gottes Gnade übergibt, weil er sich selbst nicht richten, nicht vor Gott rechtfertigen will, sondern seine wahre Gerechtigkeit als Gnade von Gott sich zusagen und schenken läßt. Von daher wäre alle Skrupulosität beim Erforschen der einzelnen Sünden der Vergangenheit, bei ihrem Aufzählen usw. ein Zeichen dafür, daß man den wahren Sinn dieses Sakramentes nicht verstanden hat, in dem es sich letztlich nicht um die Sünden, sondern um den einen sündigen Menschen handelt, der von Gottes Gnade umfaßt ist und diese alle seine Schuld überschwenglich besiegende Situation von Gott her im Vergebungswort der Kirche geschichtlich und gesellschaftlich ergreifen kann und annimmt.

Die traditionelle Theologie hat viel – letztlich überflüssigen – Scharfsinn aufgewendet, um zwischen vollkommener Reue aus Liebe zu Gott und einer unvollkommenen Reue zu unterscheiden, die zwar einen echten Abstand von der Schuld aus Glaubensmotiven gewinnt, aber noch nicht Liebe ist, sondern sich erst auf sie hinbewegt. Dieser Unterschied mag theoretisch richtig sein. Viel Bedeutung für die Praxis hat er nicht. Denn wer wirklich sich von seiner Schuld abzukehren vermag, wer ein endliches Gut nicht mehr schuldhaft verabsolutiert, für den ist die eigentliche Schwierigkeit, Gott zu lieben, schon nicht mehr gegeben und (da das Herz des Menschen sich gar nicht behalten kann, sondern immer verschenkt und schon verschenkt hat) die Liebe zu Gott, die sich der Mensch auf jeden Fall von Gott schenken lassen und leben muß, von selbst gegeben. Praktisch sind diese beiden theoretisch unterscheidbaren Arten von Reue immer zusammen gegeben, auch wenn der eine oder andere Aspekt dieser einen Reue deutlicher ins Bewußtsein treten mag.

D as dunkle Geheimnis der Schuld als drohende Möglichkeit oder als Wirklichkeit aus unserem Leben ist in dieser unserer noch laufenden Geschichte nie ganz überwunden. Wir würden die letzte Würde und Bedeutung unseres Lebens und das Evangelium leugnen, würden wir so tun, als ob wir nichts zu tun hätten, als lebensklug und nüchtern dafür zu sorgen, daß wir bürgerlich wohlanständig und von der Polizei unbedroht leben und dieses Leben genießen können. Unser Leben ist die Geschichte einer letzten Freiheit vor Gott und so von wahrer Schuld bedroht. Es mag in bestimmten Lebenssituationen oder im Alter uns so vorkommen, daß die *gute* Endgültigkeit unserer Freiheit uns schon nahe gekommen ist. Aber im letzten sind wir hier immer die, die von sich und dem dunklen Geheimnis der drohenden Schuld wegfliehen müssen und nur so uns wirklich selbst finden. Wer verstanden hat, daß diese Flucht, die kritische Distanz zu sich selbst und nicht nur zu diesem und jenem an uns und an unserem Leben nur geschehen kann, indem man sich von einer unendlichen und vergebenden Liebe lieben läßt, die Gott heißt, und indem man in dieser Liebe selbst glaubt, hofft und liebt, für den ist solche Flucht zum Vergebungswort Gottes, das am deutlichsten durch Jesu Wort in der Kirche gesagt wird, keine panische Angst des Lebensunsicheren, sondern wird eine befreiende Erfahrung Gottes selbst.

Man kann die Schuld zu verdrängen versuchen in der Banalität eines bloß nüchtern vernünftigen Lebens ohne Illusionen. Der Versuch wird auf die Dauer nicht gelingen. Dann ist nur noch eine doppelte Möglichkeit gegeben: in der Ausweglosigkeit seiner Schuld eingekerkert zu bleiben oder den Mut zu haben, sich seine Schuld vergeben zu lassen durch jenes Geheimnis der Unbegreiflichkeit, das wir Gott nennen. Das Christentum ist die Botschaft: man darf sich vergeben lassen. Diese Botschaft ist auch die des Bußsakramentes.

Bergend und heilend

Über das Sakrament der Kranken

E ntscheidende Situationen im Leben des Menschen
mögen zunächst sehr profan erscheinen, sie sind Situationen seiner *Heils*geschichte, sobald sie ihn zur Entscheidung zwingen, wie er das Ganze und Eigentliche seines Lebens frei verstehen wolle, ob als Absurdität oder als dunkles Geheimnis, in dem die unbegreifliche Liebe sich ihm naht, bergend, vergebend, lösend und erlösend, vergöttlichend. Das, was im Ernst Krankheit heißen darf, ist eine solche Situation. Nicht alles, was uns mit einem Schmerz, mit dem Arzt und vielleicht mit dem Krankenhaus in Beziehung bringt, ist schon Krankheit, wie sie hier gemeint ist. Es gibt ja „Krankheiten" im heutig medizinischen Sinn, die, mögen sie auch unangenehm sein, mögen sie auch Zeit und Geld kosten, von vornherein unter der Kontrolle des kranken Menschen und des Arztes sind (oder mindestens für uns so aussehen): kleine Störungen, die die Natur, unterstützt vom Menschen, selber ausgleicht und behebt, „Krankheiten", die nur deutlich machen, daß wir leben und eigentlich gesund sind. Aber es gibt auch andere Krankheiten: sie sind, selbst wenn man hoffen kann, sie zu besiegen, Boten und Anläufe des Todes, sie lassen die innerste Bedrohtheit und Todverfallenheit des Menschen offenkundig werden; sie konfrontieren den Menschen mit sich, mit seiner Hinfälligkeit, mit seiner verdrängten Todesangst und Todessehnsucht, die beide verholen sein Dasein durchwalten, sie stellen ihn

für ihn als ganzen „in Frage", machen ihn einsam, hilflos, sind andrängende Todessituation, selbst, wie gesagt, wenn der Kampf zwischen Tod und Leben noch
nicht entschieden ist und man immer sehr „hoffen"
darf. Die heutige Medizin mag es fertigbringen, solche
Krankheit ganz an den Rand des Lebens zu drängen,
bis fast zu einem Punkt, wo das Leben endgültig in den
Tod abstürzt, bis zum Augenblick, wo einer schon endgültig zu verstummen beginnt in der unerbittlichen
Einsamkeit des Todes, so daß er uns nicht mehr Zeugnis davon ablegen kann, was er in dieser eigentlichen
Krankheit erfährt. Aber solche Krankheiten der radikalen Konfrontation mit sich, seiner äußersten Hinfälligkeit und Todverfallenheit gibt es. Warum wollen wir es
nicht wahrhaben? Warum verdrängen wir diese Situation? Warum lassen wir, wenn solche Krankheit uns
überfällt, uns nicht uns selbst nackt und unmittelbar
vorstellen? Warum sollten wir nicht den Mut haben,
uns nicht nur als Sterbliche abstrakt zu wissen („... alle
Menschen müssen sterben, vielleicht sogar ich"), sondern als Sterbende konkret zu erfahren (was man auch,
ja gerade in einer echten Krankheit, die „gut ausgeht",
noch kann, wo man sich tapfer, aber gelöst, gegen den
Tod wehrt)? Laufen wir bei einem solchen Versteck-
spiel mit der wirklichen Krankheit nicht der letzten
Würde des Menschen davon, zu wissen, wer er ist,
ganz und in allem, und sich so anzunehmen, wie er ist,
also auch als den, der im Tod sich ganz genommen
wird, der darin ganz sich erfahren kann in der äußersten Tat, die das radikalste Erleiden annimmt? Krankheit ist eine Situation, in der der Mensch als ganzer vor
sich gebracht wird, also eine Heilssituation.

Aber wird der Mensch sie bestehen? Die Krankheit hat darin ihre Eigentümlichkeit, daß sie einerseits den Menschen in die äußerste Situation treibt und ihm die letzte Entschlossenheit abverlangt (nämlich sich ganz in die unbegreifliche Verfügung loszulassen als die bergende und vertrauens-würdige) und anderseits den Menschen in dieser Situation, die ihm die äußerste Tat abverlangt, hinfällig und schwach macht, dumpf, getrieben, müde und leer. Wir brauchen dabei nicht übersehen, daß wir nie sicher sagen können, in welchem Augenblick des Lebens genau einer die Tat der furchtlosen Annahme der letzten Verfügung über sich wirkt. Es braucht nicht notwendig jener Augenblick zu sein, den der Mediziner das Sterben nennt. Die eigentliche Tat des Todes mag sich in einem anderen Augenblick schon vor dem biologischen Absterben ereignet haben, in einem höchsten Ereignis der Liebe, der Treue des Gewissens und ähnlichen Taten, in denen der Mensch sich ganz übernimmt und ganz weggibt an das letzte Geheimnis seines Daseins. Jedenfalls aber ist die ernste Krankheit an sich eine solche Situation, ein geheimnisvoller zweieiniger und darum zweideutig gefährlicher Höhepunkt, in dem der Mensch zur höchsten Tat des Lebens angerufen und aufgerufen wird und er zugleich gegen die Grenze äußerster Ohnmacht getrieben wird. Wird er sie bestehen?

Er kann sie nur bestehen in der Gnade Gottes. Des Gottes, der diese Situation heraufführt, gibt und sie zur Epiphanie seiner unberechenbaren Verfügung, des Todes des Herrn und seiner Liebe machen will, des Gottes, der allein das Schicksal des Menschen umfaßt. Das Christentum weiß ja, daß *der* Gehorsam und *die* freie

Liebe, die sich gerade in der Finsternis des leibhaftigen *Todes* Jesu und nicht bei einer anderen „Gelegenheit" ereigneten, das Heil und die Quelle der vergöttlichenden Gnade sind. Darum ist für den christlichen Glauben in einem gegeben, daß auch bei den „Nachfolgern" Jesu die äußerste Heilssituation der Tod ist *und* daß diese nur bestanden werden kann in dem Glauben an die Gnade dieses einen großen Sterbenden, der Jesus von Nazaret ist. Dann aber gilt dasselbe von der Situation der wirklichen Krankheit, die die Todessituation des Menschen dringlich macht und sie ihm enthüllt. Sie ist die Situation, in der Gottes Gnade not-wendig ist. Notwendig, insofern sie dem Menschen die gehorsame Annahme der Situation als der radikalsten Tat und Ohnmacht zugleich ermöglicht (die Theologen würden diesen Aspekt der Gnade die wirksame helfende Gnade nennen). Notwendig, insofern die Gnade Christi diesen erschreckenden Durchbruch durch alle vordergründigen Sicherheiten und Festigkeiten des alltäglichen menschlichen Lebens hinunter in den unauslotbaren Abgrund des Undurchschauten und Unverfügbaren zur Ankunft von und bei dem bergenden Geheimnis der vergöttlichenden und vergebenden Liebe Gottes macht (die Theologen würden davon der Existenz, dem Wachstum und dem Akt der heiligmachenden Gnade sprechen).

Der Tod und die Situation der andrängenden Todesnot stoßen den Menschen in die unerbittliche Einsamkeit, in der er allein mit sich und mit Gott fertig werden muß. Die Überantwortetheit jedes Menschen an sich selbst, an seine Freiheit, an die unreflektierbare Undurchschaubarkeit des Daseins für den Menschen gehört zum Wesen des Menschen, darf und kann ihm nicht abgenommen werden. Und sie erhält in der Situation wahrer Krankheit ihre unheimliche Deutlichkeit und Unausweichbarkeit, die jeder allein bestehen muß. Keiner darf den – doch unmöglichen – Versuch machen, dies sich oder anderen ersparen zu wollen. Das ist aber doch wieder nur die eine Seite der ganzen Wirklichkeit. Der Mensch ist in seiner bleibenden Einsamkeit doch nicht einsam. Gott ist bei ihm. (Er sitzt am Krankenbett, sagte man im alten Israel.) Aber es umgibt ihn auch die heilige Gemeinschaft der Glaubenden, Liebenden, Betenden, derer, die im Leben den Gehorsam des Todes einzuüben suchen, die im Leben auf Den Sterbenden glaubend zu schauen suchen: auf den, den ihre Sünden durchbohrt haben, auf den, von dem her, wie sie hoffen, ihr eigener Engel des Lebens und des Todes seinen Weg nimmt. Und weil diese heilige Gemeinschaft, Kirche genannt, immer aus dem Tod ihres Herrn lebt, darum ist auch der immer einsam Sterbende von diesen seinen Brüdern nicht verlassen. Auch der „eigenste", einmalige Tod ist noch die Frucht des Sterbens aller, die in Christo leben und sterben; das eigenste, unabwälzbare Heil empfängt man im Bund derer, die durch die heilwirkende Liebe zur Heils-Gemeinschaft der Kirche geworden sind. In ihr ist man, gerade indem man seinen einsamen Tod glaubend, hoffend und liebend annimmt, und von *ihrem* Herrn empfängt man, daß man den einsamen Tod annimmt als Ankunft des unverhüllten Gottes. Wenigstens unsichtbar, aber wirklich umsteht das heilige Volk Gottes betend auch noch das verlassenste Krankenlager. Und wenn einer aus der heiligen Gemeinde, obzwar im letzten verstummend, am Krankenlager des Nächsten oder des Fernsten steht: ein Christ, ein Arzt, ein Träger des Amtes

der Kirche, dann tritt nur in Erscheinung, was immer
Wahrheit ist: man stirbt in Christo und darum auch immer innerhalb der Gemeinschaft seines geheimnisvollen „Leibes", der die Kirche ist.

Jetzt sind wir vielleicht ein wenig dafür bereit, die
Worte aus dem 5. Kapitel des Briefes des heiligen Jakobus[1] zu verstehen und in ihrem Gewicht zu erfahren:
„Ist jemand krank unter euch, so lasse er die Ältesten
der Gemeinde kommen, daß sie über ihn beten und ihn
mit Öl salben im Namen des Herrn. Das Gebet des
Glaubens wird dem Kranken Rettung sein; der Herr
wird ihn aufrichten; und wenn er Sünden begangen
hat, so werden sie ihm vergeben werden."

In dieser kleinen Betrachtung ist kein Raum für eine
gelehrte Schriftexegese. Aber auch ohne sie spricht der
Text zu uns. Es ist von der Krankheit die Rede, von deren theologischem Wesen wir schon sprachen: die
ernste Krankheit als Situation des sich andrängenden
Todes, die – nochmals sei es betont – darum noch lange
nicht Sicherheit des Todes, medizinische Hoffnungslosigkeit bedeutet. Sonst könnte der Kranke ja nicht so eigens die Ältesten der Gemeinde bemühen; er selbst
ginge zu ihnen. Die Ältesten sind die kirchlichen Vorsteher[2], also die, die durch Gottes Ruf und unter Handauflegung rechtmäßig zu Hirten einer christlichen Gemeinde bestellt wurden und darum in besonderer Vollmacht, „im Namen des Herrn", des einen Hauptes der
Gemeinde, handeln können. Daß hier solcher mehrere
in einer Gemeinde vorausgesetzt werden, spiegelt ur-
christliche Verhältnisse wider[3]. Seitdem sich die Ver-

---

[1] Jak 5,14–15.
[2] Wie Apg 14,23; 1 Tim 5,17; Tit 1,5.
[3] Vgl. 1 Tim 4,14.

fassung der Kirche in rechtmäßiger Entwicklung zu einer „monarchischeren" Ordnung gestrafft hat, repräsentiert im heutigen Normalfall der einzelne Priester die Gemeinde. (Doch ist in den östlichen Liturgien der katholischen Kirche eine solche Krankensalbung auch heute noch durch mehrere Priester möglich und vorgesehen.) Was im Auftrag der Kirche an dem Kranken getan wird, ist deutlich gesagt: glaubensvolles Gebet „über" ihn, der krank daliegt, unter einer Salbung mit Öl. Inhalt und Ziel dieses liturgisch durch die Salbung in seiner Absicht verdeutlichten Gebetes ist das „Heil" des Kranken. Diese Salbung hat ihre Vorläufer in der Praxis des Spätjudentums und im Auftrag Jesu an seine Apostel, als er sie in die Orte Galiläas aussandte [4]. Das Gebet geschieht im „Namen des Herrn" (Jesu Christi): unter seiner Anrufung, in seinem Auftrag, in seiner Vollmacht. Wenn wir die Wirkung, die Jakobus diesem liturgisch verdeutlichten Gebet unbedingt und ohne Sorge vor einem Nichterhörtwerden zuschreibt, richtig verstehen wollen, müssen wir den Vers 15 in seiner scheinbaren Unbestimmtheit stehen lassen und uns auf das wahre Wesen allen christlichen Gebetes besinnen. Ein Bittgebet ist ein Gebet, ein Ruf des konkreten Menschen in seiner konkreten Situation an Gott, und bittet *darum* mit Recht um die Bewältigung dieser Situation, so wie eine solche Bewältigung dem Menschen am nächstliegenden erscheinen muß, von seiner Perspektive her, zu der er sich tapfer, als in Demut seine Kreatürlichkeit Annehmender bekennen soll, also um das tägliche Brot (obwohl das Verhungern auch Gnade sein kann), um Rettung aus Gefahr (obwohl Untergang ewi-

---

[4] Mk 6,13.

gen Aufgang bedeuten kann) und – hier – um Überwindung der Krankheit, um Gesundheit. Aber Gebet im christlichen Verstand ist mehr als die wilde Lautgebung der inneren Bedrängtheit durch die physische Situation, mehr als ein Schrei nach Rettung, wie man selber sie versteht, mehr als ein Habenwollen von etwas, das man selbst auswählt. Gebet ist – Gebet, gerichtet an den unbegreiflichen heiligen Gott, und geschieht im Namen Jesu, der durch den Tod sich und uns das Leben gewann. Und darum ist es in einer geheimen Einheit, die nur der glaubend Betende erfährt, absolute Kapitulation vor dem unerforschlichen souveränen, inappellablen Willen Gottes („nicht mein Wille, sondern der Deine geschehe") *und* das Gebet, das – gerade so – seiner Erhörung unbedingt gewiß ist, gleichgültig, ob Gott so oder so, in dieser oder jener irdischen Erscheinung, erhört, wenn die Gnade, die allein beten läßt, den Willen der Kreatur in den Willen dessen birgt, der Allmacht, Liebe und Unbegreiflichkeit von beidem ist. Aus diesem Wesen des Gebetes heraus, dem hier bei Jakobus in schlichter Selbstverständlichkeit „Erfolg" unbedingt zugesagt ist, muß die Erhörung, um die es sich hier handelt, verstanden werden: sie ist allemal Vergebung der Sünden, von deren Macht alle Krankheit wie der Tod zeugt,[5] auch wenn sie nicht aus der persönlichen Schuld des Kranken erwächst[6], weil wirkliche Erhörung, die zum Heil sein soll, ohne Vergebung der Schuld nicht denkbar ist; sie ist Rettung (Heil) und „Aufrichtung", die greifbar in *der* Gesundheit des Leibes bestehen kann, die von Gott geschenkte, offene Si-

---

[5] Röm 5,12 ff.
[6] Joh 9,3.

tuation weiterer christlicher Reifung auf das endgültige Heil hin ist, *oder* – verborgener, aber nicht weniger wahr – der selige Tod im Herrn, der die endgültige Rettung und Aufrichtung ist.

Dieses von Jakobus empfohlene, unter Salbung des Kranken vorgenommene Gebet zum Heil in der Krankheitssituation wurde in der Christenheit von Ost und West tatsächlich immer geübt. Vielleicht nicht immer und überall in der Häufigkeit, die man erwarten sollte. Oft auch so, daß die Grenzen zu anderen liturgischen Akten äußerlich ähnlicher Art nicht ganz deutlich blieben. Aber die Übung der Krankensalbung war doch ein liturgischer Akt der Kirche, der nie unterging. Sie ist schon in frühesten liturgischen Büchern greifbar durch den Ritus der Ölweihe für diese Salbung, und vom Frühmittelalter an ist sie ein fester Bestandteil der Kranken- und Sterbenden-Liturgie zusammen mit Buße und Eucharistie. Seit dem 11. Jahrhundert wird sie auch ausdrücklich unter die sieben Sakramente gezählt. Sie ist in dem gemeinsamen Bekenntnis des Morgen- und Abendlandes auf dem Konzil von Lyon (1274) und dem Konzil von Florenz (1439) als eines der sieben Sakramente genannt worden. Sie ist als solches Sakrament gegen ihre Ablehnung durch die Reformatoren des 16. Jahrhunderts in der 7. Sitzung (3. 3. 1547) und in der 14. Sitzung (25. 11. 1551) des Trienter Konzils definiert.

119

Die kirchenamtliche Lehre über die Krankensalbung
ist am ausführlichsten enthalten in dem Lehrdekret der 14. Sitzung (von 1551) des Trienter Konzils.
Wir geben darum zunächst einfach das Wichtigste aus
diesem Dekret wieder. „Die heilige Kirchenversamm-
lung wollte der Lehre ... von der Buße die folgenden
Abschnitte über das Sakrament der letzten Ölung folgen lassen, das nach der Lehre der Väter nicht nur die
Vollendung des Bußsakramentes, sondern des ganzen
Christenlebens ist, insofern dieses eine stete Buße sein
muß ... Das Ende des Lebens hat er (unser gütigster Erlöser) gleichsam mit einem starken Schutzwall bewehrt.
Denn wenn auch unser Widersacher schon während
des ganzen Lebens nach Gelegenheiten sucht und
greift, um irgendwie unsere Seele zu verschlingen[7], so
gibt es doch keinen Augenblick, in dem er alle Kraft seiner Heimtücke mehr anspannt, um uns ganz zu verder-
ben und uns womöglich sogar vom Vertrauen auf die
göttliche Barmherzigkeit abzubringen, als wo er das
Ende unseres Lebens nahen sieht. Diese heilige Salbung der Kranken ist wirklich und eigentlich als Sakrament des Neuen Bundes von Jesus Christus, unserem
Herrn, eingesetzt. Und zwar ist es bei Markus[8] ange-
deutet, durch den Apostel Jakobus aber, den Bruder
des Herrn, ist es den Gläubigen empfohlen und verkündigt worden ...[9]. Nach der apostolischen Überliefe-
rung, die die Kirche überkommen hat, lehrt er mit diesen Worten die Materie, die Form, den zuständigen
Ausspender und die Wirkung dieses segensvollen Sa-

---

[7] Vgl. 1 Petr 5,8.
[8] Mk 6,13.
[9] Jak 5,14 f.

120

kramentes. Denn die Kirche faßte als die Materie das vom Bischof geweihte Öl auf. Die Salbung ist nämlich eine sehr passende Darstellung der Gnade des Heiligen Geistes, mit der die Seele des Kranken unsichtbar gesalbt wird. Als Form faßte die Kirche die Worte auf: Durch diese Salbung ... usw. Der Gehalt und die Wirkung dieses Sakramentes ... ist die Gnade des Heiligen Geistes, dessen Salbung die Vergehen, falls solche noch zu tilgen sind, und die Nachwirkungen der Sünde wegnimmt und die Seele des Kranken aufrichtet und stärkt, indem sie ein großes Vertrauen auf die göttliche Barmherzigkeit in ihm weckt, das den Kranken erhebt, so daß er die Lasten und Schmerzen der Krankheit leichter trägt und den Versuchungen Satans, der seiner Ferse nachstellt[10], leichter widersteht und manchmal, wenn es das Heil der Seele fördert, auch die körperliche Genesung erlangt." Ein Satz über die Krankensalbung aus dem 2. Vatikanum (1964) sei noch hinzugefügt. Er steht im Lehrdekret über die Kirche (2. Kap.) und bietet einen weiteren Aspekt der Symbolik der Salbung: „Durch die heilige Krankensalbung und das Gebet der Priester gibt die ganze Kirche die Kranken dem Herrn anheim, damit er sie aufrichte und rette[11], ja die Kirche ermahnt die Kranken, sie sollen durch ihre frei erwählte Gemeinschaft mit dem Leiden und Tod Christi beitragen zum Wohl des Volkes."

---

[10] Vgl. Gen 3,15.
[11] Vgl. Jak 5,14–16.

Es ist hier nicht die Absicht, diesen lehramtlichen Text ausdrücklich und genau zu deuten. Wir lassen ihn so stehen, wie er ist. Was zu ihm zu sagen wäre, soll in den nun folgenden Überlegungen geboten werden, die auf Grund der bisherigen Überlegungen in einer gewissen abgerundeten Systematik die Lehre von der Krankensalbung darzustellen versuchen. Manches, was eingangs als Zugang zum Jakobustext gesagt wurde, muß dabei nochmals aufgenommen werden.

Wir reden in Theologie und Frömmigkeit gern von Gnade und – denken uns nicht viel dabei oder stellen uns etwas höchst Mysteriöses darunter vor. Sie ist geheimnisvoll, aber darum, weil sie die Dimension der Unendlichkeit des menschlichen Daseins in das unaussagbare Geheimnis Gottes hinein ist und die Kraft, diese selige Bodenlosigkeit des Daseins auszuhalten, sie anzunehmen, ihr sich nicht feig zu verweigern durch ein gieriges und zugleich angstvolles Festhalten des endlich einzelnen Beherrschbaren und Genießbaren innerhalb des unendlichen Horizonts unserer Erkenntnis, Freiheit und Tat. Gnade ist – letztlich – Gott selbst, insofern er seine Unsagbarkeit uns in absoluter Nähe als unsere Vergebung und unser Leben mitteilt. Insofern wir, wenn auch nie begrifflich völlig thematisierbar, diese Bodenlosigkeit unseres Daseins erfahren und damit, wenn auch noch unvor-stellbarer, ihre Erfülltheit von dem, den wir Gott nennen, ist die Gnade absolut geheimnisvoll und zugleich das Selbstverständlichste, weil der unumfaßbare Grund und die Erfüllung unserer letzten Erfahrung. Weil die Erfahrung dieser unsagbaren, schweigenden Grundgestimmtheit unseres Daseins letztlich nicht abseits von unserem konkre-

ten Leben, sondern in diesem Leben und besonders natürlich in seinen dichtesten Vollzügen geschieht,
darum hat die Gnade und ihre Erfahrung einen ganz
menschlichen und (da sie die Gnade des Gott*menschen*
ist) inkarnatorischen Charakter. Daher muß sie sich vor
allem dort ereignen, wo in den zentralen und konkreten
Ereignissen des menschlich-christlichen Lebens der
Mensch radikal sich selbst konfrontiert wird, die ge-
fährlich-selige Bodenlosigkeit seines Daseins sich auf-
tut und ihn zur Entscheidung zwingt.

Solch ein Ereignis ist die Krankheit. Natürlich können wir sie daran hindern, so bei uns „anzukommen".
Wir können mit allen Mitteln dafür sorgen, daß das
von uns an den Rand und in die unerforschten Tiefen
unseres Ich verdrängt wird, was sie uns sagen will: daß
wir die Bedrohten sind, daß wir letztlich unser Schicksal nicht selbst verfügen, daß wir uns willig in diese unsere Unverfügbarkeit hineingeben sollen, der wir nie
wahrhaft entrinnen können, gegen die leise oder laut
zu protestieren und uns zu wehren die radikale Versu-
chung unseres Daseins ist. Wenn wir aber annehmen,
was die Krankheit sagt (wir brauchen darum wahrhaftig
nicht aufhören zu hoffen, daß wir wieder gesund werden), dann machen wir die Erfahrung der Gnade: daß
die Unverfügbarkeit uns milde birgt, unsere Leere geheimnisvoll erfüllt ist, die scheinbare Aufgabe in der
Schickung in das Unabsehbare Sieg bedeutet. Die
Grenzenlosigkeit dieser willigen Erfahrung, die das
ganze Dasein unterfängt und weggibt, ist erfahrene
Gnade. Krankheit kann das Ereignis der Annahme solcher Gnade sein.

123

Aber in diesem Vorgang, in dem wir der Krankheit als Geschehen des *ganzen* Menschen ihr wahres Wesen zukommen lassen, müssen wir noch eine andere Erfahrung des Glaubens machen: wir sind nicht allein. Zwar mag die Einsamkeit der Schwerkranken uns streng umfangen, die Worte der Verwandten und des Arztes nur noch wie tot und verlegen an unser Ohr dringen, wie Gerede, das schon nicht mehr verstanden wird. Aber es umgibt uns doch unsichtbar und schweigend die Gemeinschaft aller derer, die in solcher und verwandter Erfahrung Gott angenommen haben, derer, die *das* Leben im Leben und im Tod ergreifen, die sich völlig von dem unverfügbaren Geheimnis nehmen lassen, das schweigend und sanft uns nimmt (wir sagen im Alltag Gott dazu). Wenn wir dem Grund des Daseins verbunden sind, sind alle nahe, die es auch sind (theologisch sagen wir von ihnen, sie besäßen die heiligmachende Gnade). Es ist wirklich so, daß jeder einzelne in diesen allen und alle in diesem einzelnen zu dem Grund gehen, der Heil ist (wenn ein Glied leidet, leiden alle, sagt die Schrift).

Nehmen wir diese Erfahrung des Glaubens an, dann wünschen wir von selbst, daß die Gemeinschaft der glaubend-willig an das Geheimnis Ergebenen (mit Dem Gehorsamen schlechthin, mit Jesus), Kirche genannt, auch sichtbar an unser Krankenbett trete, damit jener geheimnisvolle Kreislauf des göttlichen Lebens nicht nur in uns frei kreise, sondern in der Greifbarkeit unseres Lebens, in der Dimension des Alltags auch erscheine, sich „inkarniere" und so die Gnade, die sich diese Erscheinung schafft, auch durch ihre Erscheinung selber wieder in uns eingesenkt werde und heilkräftiger unser Leben und Sterben durchdringe.

Dieses Wort, das die verborgene Gnade zur leibhaftigen, ganz inkarnatorischen Erscheinung bringt, wird
von der Kirche durch ihren beauftragten Vertreter gesprochen und läßt die Gnade und das innere Ja dazu,
das im Empfänger des Wortes sich ereignet, und die
Gnade der *heiligen,* von Gottes Geist erfüllten Kirche
greifbares „Ereignis" werden; in diesem Wort wird die
Gnade offenbar und ereignet sich, *indem* sie sich verleiblicht. In diesem Sinn ist die Erscheinung die Ursache der Gnade (und natürlich auch umgekehrt: die
Einheit von Erscheinendem und seiner Erscheinung ist
im letzten unauflösbar). Wenn die Kirche ein solches
Gnadenwort, das u. U. verdeutlicht und greifbarer wird
durch weitere Gesten (Waschung, Salbung, Handauflegung usw.), mit dem letzten Einsatz ihres eigenen Wesens, das als ganzes, als „Ursakrament" das geschichtliche Da-sein der Gnade Gottes ist, einem bestimmten
Menschen in einer entscheidenden Situation seines Lebens zusagt und so weiß, daß sie dadurch das wirksame
Gnadenwort Gottes schöpferisch spricht, dann sagt
und tut sie das, was wir ein Sakrament nennen: das
reuelose [12] Wort der Gnade Gottes im Auftrag Gottes,
das nicht nur „über" die Gnade redet, sondern diese gerade Ereignis werden läßt. Solcher sakramentaler Gnadenworte kennt die Kirche sieben. Eins davon ist das
Gebet des Glaubens unter Salbung über einen Kranken, dessen Krankheit in dringlichster Weise Heils-
und Gnadensituation ist und darum nach diesem gna-
deverleiblichenden und gnadewirkenden Wort der Kirche ruft, in dem die verborgene Gnade der Kirche und
der Krankheitssituation ihres Gliedes (wenigstens als

---

[12] Röm 11,29.

angebotene) greifbar zugesagt wird und heilschaffend wirkt, wofern sie nur vom Menschen glaubend und nach der Vergebung verlangend angenommen wird. Das „Gebet des Glaubens" in der Krankensalbung ist das wirksame Wort der Gnade, das Gott durch seinen Christus in der Kirche für die Krankheitssituation spricht, *und* ist zugleich das Lautwerden jenes Schweigens, unter dem ein Mensch der Kirche, gehorsam verstummend, die Zusage seines geheimnisvollen Schicksals als Ereignis der Liebe annimmt.

Die in dieser Situation im Gebet des Glaubens unter Salbung von der Kirche im Auftrag ihres Herrn und Gottes zugesagte Gnade ist die Gnade, die eben diese Situation der Krankheit bewältigt, bestehen läßt und heiligt. Diese Bewältigung und Heiligung ist vom doppelsinnigen Wesen der Krankheit her selbst *eine* Gnade, die je nach der Verfügung Gottes eine zweifache Gestalt haben kann: sie kann so Heil (also darin Vergebung der Schuld und der Schuldfolgen) sein, daß der Kranke wieder leiblich gesund und auf diese Weise kräftig wird zu weiterem christlichem Bestehen seines Lebens, oder so, daß er „aufgerichtet" wird zur letzten Tat und zur letzten leidenden Erfahrung seines Lebens: zum Bestehen des Todes, zum Sterben im Herrn.

Der bevollmächtigte Sprecher dieses Wortes, der „Spender des Sakramentes" ist der Priester, weil er „der Älteste" ist, der die Kirche, die heilige Gemeinde, den Leib Christi vertritt, und weil er der rechtmäßige Vorsteher derjenigen heiligen Feier der Gemeinde ist, in

der der Tod des Herrn verkündigt und vergegenwärtigt
wird, von dem her aller andere Tod seinen Sinn und alles andere Leben seine Kraft empfängt. Um deutlicher
in Erscheinung treten zu lassen, daß der einzelne Priester im Namen der *ganzen* Kirche das Glaubenswort der
Aufrichtung des Kranken spricht, verwendet er zur Salbung das Öl, das der *Bischof* am Gründonnerstag, dem
Anfang des Jahresgedächtnisses der Passion Christi,
geweiht hat. Die Worte der Zusage der Gnade in diese
Krankheitssituation hinein haben die Gestalt des Gebetes, weil die Gestalt, in der diese Gnade wirksam werden will, der gnädigen Verfügung Gottes selbst an-
heimgegeben wird. Im liturgischen Normalfall (wenn
nicht einfach die Salbung auf der Stirn des Kranken geschieht) werden die „Sinne" des Menschen gesalbt (Au-
gen, Ohren, Nase, Mund, Hände, Füße), weil er in
ihnen ganz „da ist", die Vermittlung zur Welt und ihrer
Gefährdung hat, durch die hindurch er sich und Gott
finden muß. Das Gebet des Glaubens lautet in der latei-
nischen Liturgie: „Durch diese heilige Salbung und
sein mildestes Erbarmen vergebe dir der Herr, was immer du gefehlt hast durch Sehen, Hören, Riechen,
Schmecken und Reden, Berührung, Gehen." Natürlich
ist dieses Gebet von weiteren Gebeten umrahmt, die
den heiligen Sinn der sakramentalen Handlung noch
besser verdeutlichen. Es ist in der Krankenliturgie der
deutschen Kirche auch eine Schriftlesung vorgesehen,[13] in der die Heilung des Knechtes des Haupt-
manns wie ein Vorbild dessen erscheint, was hier geschieht. Die umrahmenden Gebete sprechen von göttlichem Segen, lichter Freude, fruchtbarer Liebe, immer-

---

[13] Mt 8,5–10, 13.

währendem Heil, von der Anwesenheit der heiligen Engel, der Abwendung der Schrecken der feindlichen Mächte, sie sprechen die Bitte der Reue um Vergebung der Schuld; sie haben beherzt den Mut, um leibliche Heilung und neue Kraft und Gesundheit zu bitten, zu flehen, daß der Kranke „der heiligen Kirche zurückgegeben" werde. Die Liturgie der Krankensalbung ist also nicht einfach eine *Sterbe*liturgie, sondern die Liturgie der Krankheit, die in Gottes Gnade und Verfügung geborgen wird. Natürlich muß diese Liturgie im Normalfall zusammen gesehen werden mit der *ganzen* Krankenliturgie, in der das Sakrament der Buße und die Krankensalbung einmünden in den Empfang des Leibes und Blutes Christi, des Unterpfandes des ewigen Lebens. Ob wir leben oder sterben, wir sind des Herrn. Wer so gesinnt ist, daß er im Leben und im Sterben des Herrn sein kann, der liebt dieses irdische Leben und ist bereit zum Tod. Beides. Weil beides geborgen und erlöst sein kann von Gottes Gnade. Wer das weiß, hat das richtige Verhältnis zur Krankheit. Er wird die Frage nicht überhören, die sie an ihn stellt. Er wird sich in ernster Krankheit von sich aus, in klarem und tapferem Bewußtsein, die Antwort auf diese Frage auch im Sakrament der Krankensalbung sagen lassen.

Glaubend und liebend

Zu einer Trauung

Dieses Mysterium ist groß, ich sage es aber im Hinblick auf Christus und die Kirche – so steht bei Paulus von der ehelich-liebenden Einheit von Mann und Frau. Diese Stunde gehört diesem großen Geheimnis. Denn Sie wollen heute vor dem Altar Gottes unter dem Segen Christi und seiner Kirche ein einziges Leben der Liebe und der Treue beginnen.

Solch heiliges Unterfangen reicht, schon von der menschlichen Erfahrung aus ermessen, in das Geheimnis Gottes hinein. Denn wenn ein Mensch in der Grundfreiheit seines Daseins über sich ganz verfügt, wenn er sich, sein Herz, sein Leben, sein Schicksal und die ewige Würde seiner Person an einen andern Menschen wagt, einem andern anvertraut, und damit sich an das letztlich doch immer geheimnisvoll neue, unbekannte und unerforschliche Geheimnis einer anderen Person preisgibt, was man nur kann im höchsten Wagnis der Liebe und des Vertrauens, dann mag ein solches Ereignis, von außen gesehen, so oft vorkommen, daß es alltäglich und fast banal erscheint, es ist doch das, als was es den Liebenden erscheint: das immer einmalige Wunder der Liebe. Und solches grenzt an Gott. Denn es umfaßt den ganzen Menschen und sein ganzes Schicksal. Solches aber in Freiheit getan, ist immer – ob man es weiß oder nicht – ein Kommen vor Gott, hat immer den vielleicht ungesagten, schweigenden, alles umfassenden und bergenden, rettenden und segnenden Partner bei sich, den wir Gott nennen. Denn solches Unterfangen hat keine Grenzen, weist ins Grenzenlose und Unbedingte, ist nur in der unbegrenzten Weite der geistigen Person möglich, die auf Gott verweist. In wirklich personaler Liebe ist immer ein Unbedingtes mitgesetzt, das über die Zufälligkeit der Liebenden selbst hinausweist; sie wachsen immer, wenn sie wahrhaft lieben, über sich hinaus, sie geraten in eine Bewegung, die keinen Zielpunkt im angebbaren Endlichen mehr hat. Jenes in unendlicher Ferne Liegende, das in solcher Liebe stumm beschworen wird, ist aber letztlich nur mit einem Namen zu nennen: Gott. Er ist der Garant ewiger Liebe, er ist der Hüter der Würde der Person, die sich in Liebe verschenkt und einem anderen fehlbaren und endlichen Menschen anvertraut; er ist die Erfüllung der unendlichen Verheißung, die der Liebe innewohnt, die sie aber nicht erfüllen könnte, müßte sie aus sich selbst solche letzte Erfüllung geben; er ist die unauslotbare Tiefe (in Gnade) des anderen Menschen, ohne die doch am Ende jeder Mensch für den anderen schal und leer werden müßte; er ist die unendliche Weite, in die hineingehend man den Raum findet, um dort die Lasten zu bergen, die man den andern in Liebe nicht will tragen lassen, obwohl sie allein getragen einen erdrücken würden; er steht als die wirkliche Vergebung für beide hinter und über jeder Vergebung, ohne die keine Liebe auf die Dauer leben kann; er ist die heilige Treue in Person, die man lieben muß, um dem andern für immer getreu sein zu können; er ist mit einem Wort die Liebe selbst, von der alle andere Liebe herkommt und zu der alle andere Liebe offen sein muß, soll sie nicht ein Wagnis sein, das sich selbst nicht versteht und an seiner Unendlichkeit zugrunde geht.

Wir wissen aber aus der Botschaft des christkatholischen Glaubens, daß die Ehe in einem noch viel radikaleren Sinn in das Geheimnis Gottes hineinragt, als wir es schon aus der Unbedingtheit der menschlichen Liebe ahnen können. Die Ehe, sagt die Kirche, ist ein Sakrament. Das ist leicht dahergesagt. Aber man muß verstehen, was damit gesagt ist, um die fast unheimliche Kühnheit zu würdigen, mit der das Höchste von solchem scheinbar sehr alltäglichen Tun der Menschen gesagt ist. Die Ehe unter Christen ist ein Sakrament. Sie vermittelt also Gnade. Gnade aber heißt nicht nur: Hilfe Gottes, damit die ehelichen Menschen liebend sein können und getreu, geduldig und tapfer, selbstlos und einer des andern Lasten tragend. Gnade heißt nicht nur Hilfe Gottes zur Erfüllung von Aufgaben und Pflichten, die jeder als dieser Welt angehörend erkennt und, wenigstens in der Theorie, anerkennt. Gnade heißt mehr: Gnade heißt göttliches Leben, heißt Kraft der Ewigkeit, Teilnahme, Angeld, Siegel und Salbung, Anfang und Grund für das Leben, das sich, hineingerissen in das Leben Gottes selbst, lohnt eine ganze Ewigkeit zu leben, Gnade heißt letztlich Gott selbst, der sich mit der unendlichen Fülle seines Lebens und seiner unaussprechlichen Herrlichkeit unmittelbar an die geistige Kreatur verschwenden will. Es ist wahr: das alles ist noch verborgen unter den Schleiern des Glaubens und der Hoffnung, das alles ist noch unbegreiflich

133

und dunkel, alles dieses mag bisher aus den tiefsten Tiefen unseres Geistes noch nicht aufgestiegen sein in das Flachland unserer öden Alltagserfahrung. Aber all das, was wir so göttliche Gnade nennen, gibt es, und eben dieses, was Gott in der innersten, uns selbst noch unzugänglichen Mitte unseres Wesens gewirkt hat als den Keim des Lebens von Ewigkeit, von Freiheit und seliger Gültigkeit, nennen wir mit einem kleinen trokkenen Wort Gnade. Und nun: von dieser Gnade, von dieser, nicht bloß von irgendwelchen banalen Alltagshilfen Gottes zu einen moralischen Rechttun, sagen wir: sie wird auch durch das Sakrament der Ehe gemehrt. Das heißt also: Wo unter Christen geheiratet wird, wo ein Zeichen der untrennbaren Liebe in dieser Welt aufgerichtet wird, das ein Hinweis auf die erlösende Liebe Christi zu seiner Kirche ist, da geschieht Gnade, das heißt, da geschieht göttliches Leben, wenn es nicht durch die tödliche Schuld der Liebenden gehindert wird, da fängt eine neue, tiefere Dynamik durch den heiligen Geist Gottes an, der diese beiden weiter und tiefer hinein in das Leben Gottes tragen kann, da werden neue Tiefen göttlicher Herrlichkeit aufgebrochen in jener Region des Geistes, in der Gott selbst sich als das Leben der Seele an den Geist des Menschen mitteilt, da wächst jene Liebe zu süßerer Zärtlichkeit und zu stärkerer Treue auf, die den Menschen mit seinem Gott verbindet, da geschieht das eine Geheimnis allen Daseins noch tiefer und lebendiger, noch mächtiger und unbedingter als bisher: das Finden Gottes in der Unmittelbarkeit seiner eigenen Mitteilung an den inwendigen Menschen. Solch eigentlich verzehrend Kühnes und Göttliches wird von der Ehe gesagt, wenn von ihr erklärt wird, sie sei ein Sakrament. Es wird von ihr gesagt, daß sie nicht nur eine Kommunion der Liebe zwischen zwei Menschen sei, sondern auch dabei und mitten darin eine Kommunion der Gnade mit Gott selbst. Kein Zweifel, daß solche Wahrheit nicht geschieht über den Menschen und seine Freiheit, sein inneres Ja hinweg. Kein Zweifel also, daß die Liebenden diese Wirklichkeit erfahren im selben Maße, wie sie dafür ihr Herz glaubend und liebend auftun. Aber es will dieses Gnadenereignis und es kann diese Begegnung mit Gott heute geschehen. Und darum ist die Ehe wirklich ein Mysterium Gottes, ein Stück Liturgie, in dem die Geheimnisse der Ewigkeit in heiliger Feier heilspendend gegenwärtig werden.

D ie Ehe will fruchtbar sein. In allen Bereichen des menschlichen Daseins, durch alle Dimensionen hindurch, in denen der Mensch lebt. Sie will Kraft und Mut sein in der Alltäglichkeit unseres Lebens, weil zwei zusammen ihre Lasten tragen, gemäß dem Wort des Apostels: Trage einer des andern Last, so werdet ihr das Gesetz Christi erfüllen. Die Ehe will fruchtbar sein im Geist. Wenn die Liebe die Mutter der großen Erkenntnis ist, dann müssen ehelich ein Leben lang Liebende mit großer Erkenntnis gesegnet werden. Solche Erkenntnis mag einfach sein und verschwiegen. Sie ist ja die Erfahrung der Liebe selbst. Es gibt viele, die diese Erkenntnis vom Baum des Lebens pflücken wollen, ohne wahrhaft zu lieben, weil sie nicht getreu sind, weil sie vor dem Schmerz solcher Liebe fliehen, weil sie die Liebe verwechseln mit Laune, Verliebtheit und bloß animalischer Angst, in der die Natur ihren Zweck erreicht. Wer aber wahrhaft liebt, der erkennt, was Liebe ist. Und nur wer sie erkannt hat, kann ahnen, wer Gott ist: die Liebe. Was hätte man aber begriffen, wenn man ihn nicht ahnen würde, den Unbegreiflichen, das heilige Geheimnis, das uns ergreift, wo wir die Unsagbarkeit der Liebe durch die lange Tat eines Lebens erlebt und erlitten haben? Die Liebe soll fruchtbar werden im Kind. Zu dieser Möglichkeit, der nicht errechneten und nicht geplanten, sagt die Ehe ihr Jawort, sagt es Gott, dem Lebendigen, dem Vater, der selbst von Ewigkeit zu Ewigkeit den Sohn zeugt und in ihm sich erkennt und mit ihm liebt in der Liebe des Heiligen Geistes. Daß ehelichen Menschen Kinder geschenkt werden, das ist das Alltäglichste. Aber dieses Alltägliche ist ungeheuerlich. Wir alle hoffen, daß von unserem Leben etwas bleibe und Ewigkeit werde, daß wir aus der Kelter der Zeit den Wein ewiger Freude gewinnen. Aber in der Fruchtbarkeit der Ehe wird doch in einem Sinn Ewigkeit, daß man nicht weiß, soll man ein Hohes Lied heiligen Stolzes über diese äußerste menschliche Möglichkeit anstimmen oder tödlich erschrecken darüber, was ein Mensch da tut, fast ohne es zu bedenken. Ein neuer Mensch wird. Das heißt aber: es wird eine Wirklichkeit, die nicht mehr untergeht, die ewig gültig ist; es fängt ein Leben und ein Schicksal an, das immer bleibt, das nie mehr rückgängig gemacht werden kann. Freilich: was so neu beginnt, geht weiter als das Leben einer eigenen Person, die sich selber tut, „Vater und Mutter verläßt", um so zu werden, daß auch die Eltern dieses einmalig Neue und Freie nur verstehen, wenn sie es lieben in der Liebe, die im andern nicht das Ihre sucht, sondern den andern als den andern will. Aber dennoch bleibt: die Eltern schenken einer Ewigkeit den Anfang, dem kein Ende mehr folgt, schaffen eine Wirklichkeit, die nie mehr aufhört, nie mehr überholt wird, nie mehr zurückgenommen werden kann. Denn ein neuer Mensch ist eine neue Ewigkeit vor Gott. Zu solchem Tun muß man von Gott autorisiert sein, dazu kann man nur den Mut haben, wenn man von Gott gesegnet ist; kein Wunder, daß die Menschen, die Gott meiden, auch das Kind fliehen. Die christliche Ehe aber darf und soll fruchtbar sein an neuer Ewigkeit. Denn Gott will sich selbst, sich, den Unendlichen, unendlich verschwenden an den, den man den Menschen nennt, weil Gott sich selbst als Mensch ausgesagt hat in seinem menschgewordenen Wort. Und er, von dem alle Vaterschaft im Himmel und auf Erden ist, beginnt das Abenteuer seiner selbstverschwenderischen Liebe aufs neue durch Eltern, deren Liebe fruchtbar wird zu neuem Leben.

G roßes geschieht in dieser Stunde. Gott gebe seinen Segen. Nur so kann es gelingen. Unzählige Male ist schon begonnen worden, was heute beginnt, und es bleibt das Geheimnis Gottes, ob es gelungen ist. Aber dennoch ist, was heute beginnt, noch nie getan worden. Denn das Leben jedes Menschen und jede Ehe ist einmalig. So einmalig, daß der Mensch, der lebt und durch seine Ehe ewiges Leben gewann, wert ist, in Ewigkeit zu sein. Es beginnt heute, was noch nie geschah. So, wie hier gelebt werden muß, ist noch nie gelebt worden. Man kann das von jeder Ehe sagen. Aber dadurch wird es nicht weniger wahr. Man kann von jedem Menschen sagen, daß er einmalig sei. Aber dadurch hört er nicht auf, so zu sein. Und so ist es auch mit der Ehe. Mit jeder Ehe. Und mit dieser Ehe. Man kann ihr darum zwar immer noch viele Ratschläge und Gebote mit auf ihren Weg geben. So wie es die Erfahrung der Menschen und die himmlische Weisheit der Kirche tun. Aber das einmalige Geheimnis, auf das die einmalige Ehe zugeht, weiß nur einer: Gott. Und darum verstummt alle Weisheit der Menschen und der Kirche. Und man kann nur sagen: geht mit Gott, der allein alles weiß. Dieser Herr gehe mit euch. Er sei euer Licht, eure Kraft, eure Treue, er die ewige Quelle eurer Liebe. Geht mit ihm, geht zusammen, geht alle Pfade des Lebens mit ihm und zusammen, auf daß sie einmünden in seine unsagbare Herrlichkeit. Wir sind uns alle ein Rätsel. Darum sind auch Ehe und Liebe ein Geheimnis. Es kann nur durch das noch größere Geheimnis gelöst werden: durch Gott. Wenn Sie ihm anvertraut sind, wird das Geheimnis der Ehe, das große Geheimnis, von dem Paulus sagt, ein Geheimnis voll Seligkeit und Größe, voll des unvergänglichen Heiles. Auf jeden Fall beginnt heute ein Geheimnis einer Einheit, das noch nie war. Es ist wert, gelebt zu werden. Denn es soll die Herrlichkeit Gottes widerspiegeln, so wie er nur durch dieses einmalige gemeinsame Leben in dieser Endlichkeit dargestellt werden kann. Und darum ist die Erfahrung des Lebens, zu der Sie sich entschlossen haben, durch alle Fahrten und Gefahren eines Lebens hindurch eine einmalige Erfahrung, die in sich auch Gott erfahren läßt, wie er sonst nicht erkannt werden kann.

Kann man, wenn man das Einmalige nicht aussagen kann, das hier beginnt, doch Ratschlag und Weisung mitgeben auf die Wege, die jetzt zum ersten und zum letzten Mal begangen werden? Vielleicht ist es am besten, wenn man wiederholt, was die Schrift schon gesagt hat. Denn solche Mahnungen sind jung wie am ersten Tag, da der Geist sie auf die Lippen von Menschen legte. „Ihr seid Kinder der Heiligen und könnt euch nicht so verbinden wie die Heiden." „Ihr Männer, liebet eure Frauen, wie Christus die Kirche geliebt und sich für sie dahingegeben hat, um sie zu heiligen, indem er sie reinigte im Wasserbad durch das Wort, so daß sie nicht mehr Fleck oder Runzel oder etwas dergleichen habe, vielmehr heilig und makellos sei. So sollen auch die Männer ihre Frauen lieben wie ihren eigenen Leib." „So zieht denn an als Gottes Auserwählte, Heilige und Geliebte herzliches Erbarmen, Güte, Demut, Sanftmut, Geduld. Ertragt einander und verzeiht, wenn einer gegen den andern zu klagen hat. Wie der Herr euch vergeben hat, so vergebt auch ihr. Über all das zieht die Liebe an, sie ist das Band der Vollkommenheit." „Erlahmt nicht im Eifer, seid feurigen Geistes, dienet dem Herrn. Seid fröhlich in der Hoffnung, geduldig in der Drangsal, beharrlich im Gebet. Nehmt Anteil an den Nöten der anderen Christen. Befleißigt euch der Gastfreundschaft. Segnet, die euch verfolgen, segnet und fluchet nicht. Freut euch mit den Fröhlichen. Weinet mit den Weinenden. Seid eines Sinnes untereinander. Trachtet nicht ins Utopische, sondern habt Gefallen am Schlichten, haltet euch nicht selbst für zu gescheit. Vergeltet niemand Böses mit Bösem. Seid auf das Gute bedacht, nicht allein vor Gott, sondern auch vor allen Menschen. Lebt womöglich, soviel auf euch ankommt,

mit allen Menschen in Frieden." „Was ihr auch tun
mögt in Wort oder Werk, das tut im Namen des Herrn
Jesus." „Freut euch im Herrn immerdar; wiederum sage
ich: freut euch. Euer lindes Wesen werde allen Menschen kund. Der Herr ist nahe. Macht euch keine
Sorge, sondern bringt all eure Anliegen in innigem Gebet mit Dank vor Gott. Und der Friede Gottes, der alles
Begreifen übersteigt, wird eure Herzen und euer Sin-
nen in Christus Jesus behüten." „Die Ehe sei ehrbar in
allem und das Ehebett unbefleckt, denn Unzüchtige
und Ehebrecher wird Gott richten. Euer Wandel sei frei
von Habsucht; seid zufrieden mit dem, was ihr habt.
Denn Gott selbst hat gesagt: ich werde dich niemals
verlassen, noch je dich preisgeben." „Ihr Frauen, ordnet
euch den Männern unter. Dann werden solche, die
dem Wort nicht gehorchen, durch den Wandel der
Frauen auch ohne Wort gewonnen werden, wenn sie
euren gottfürchtigen und lauteren Wandel wahrneh-
men." „Dann seid ihr untadelig und lauter, Kinder Gottes ohne Fehl inmitten eines verdorbenen und verkehr-
ten Geschlechtes, unter dem ihr leuchten sollt wie die
Sterne im Weltall." „Ihr Männer, liebet eure Frauen und
werdet nicht gereizt gegen sie." „Diese Liebe ist langmütig, ist gütig, sie ist nicht prahlerisch, nicht aufgebla-
sen. Sie handelt nicht unschicklich; sie sucht nicht das
Ihre, sie läßt sich nicht erbittern, trägt das Böse nicht
nach. Sie hat nicht Freude am Unrecht, vielmehr Freude
an der Wahrheit. Sie erträgt alles, sie glaubt alles, sie
hofft alles, sie duldet alles." „Es bleiben ja Glaube,
Hoffnung und Liebe, diese drei; die größte unter ihnen
ist die Liebe. Trachtet nach der Liebe." „Der Gott des
Friedens heilige euch in vollem Maße. Möge euer
Geist, eure Seele und euer Leib unversehrt und tadellos

bewahrt werden bei der Wiederkunft unseres Herrn Jesus Christus. Getreu ist, der euch berufen hat. Er wird es auch vollenden."

D ie Liturgie dieses ehelichen Jaworts mündet ein in die Feier des heiligen Opfers. Und das ist recht so. Die Gnade der Ehe ist Gnade Christi. Sie kommt also von dort, wo alle Gnade herkommt: aus dem durchbohrten Herzen des Erlösers, der am Altar des Kreuzes sich selbst für die Kirche, seine Braut, hingegeben hat, indem er sich in die unendliche Finsternis des Todes fallen ließ, darauf vertrauend, daß er so und gerade dadurch seine Seele in die Hände seines Vaters legte, indem er sie preisgab in heiliger Verschwendung zur Rettung aller. Vom durchbohrten Herzen Christi kommt alle Gnade. Und so auch die der Ehe, ohne die keine Ehe heil und selig sein kann. Und darum trägt auch die Gnade der Ehe die Eigentümlichkeit ihres Ursprungs: sie ist Gnade opfernder Liebe, sie ist Gnade vergebender, tragender, verzeihender, selbstloser, den Schmerz verbergender Liebe, sie ist Gnade der Liebe, die bis in den Tod getreu ist, sie ist Gnade der Liebe, die fruchtbar zum Leben ist und besteht im Tod, sie ist Gnade jener Liebe, die Paulus preist, der Liebe, die gütig ist, die alles glaubt, alles erträgt, alles hofft, alles duldet, die nimmer aufhört, ohne die alles andere nichts ist. Wenn wir daher in heiliger Feier vor Gottes heiligem Altar die Feier solchen Ehebundes und die Feier der höchsten Tat der opfernden Liebe Christi zu seiner Kirche vereinen, dann ist, was wir begehen, von selbst das Gebet und die Öffnung der Herzen für solche Liebe.

Getreu ist Gott, der euch berufen hat; er wird es auch vollenden, sagt Paulus vom Christwerden der Menschen. Nun ist aber ein Sakrament, also auch das, was hier geschieht, in Wahrheit ein Stück dieses Christwerdens. Und darum dürfen wir dieses Wort des Apostels, vertrauend auf die Macht der Gnade und der göttlichen Verheißung, auch auf diesen Beginn heute anwenden: getreu ist, der euch berufen hat, er wird es vollenden. Die letzte Vollendung aber der Liebe, die sich heute Endgültigkeit verspricht, ist genau dort, worin sich jedes Leben überhaupt vollendet: durch Jesus Christus in der seligen Kraft seiner Gnade bei Gott, dem die Ehre sei jetzt, da begonnen wird, und immer, wenn vollendet wird.

ZITATE AUS DER HEILIGEN SCHRIFT:

Dieses Mysterium ist groß, Epheser 5,32 / *Trage einer des andern Last*, Galater 6,2 / *Ihr seid Kinder der Heiligen*, vgl. Tobias 8,5 Vulg / *Ihr Männer, liebet eure Frauen*, Epheser 5,25–28 / *So zieht denn an*, Kolosser 3,12–14 / *Erlahmt nicht im Eifer*, Römer 12,11–18 / *Was ihr auch tun mögt*, Kolosser 3,17 / *Freut euch im Herrn immerdar*, Philipper 4,4–7 / *Die Ehe sei ehrbar in allem*, Hebräer 13,4f / *Ihr Frauen, ordnet euch den Männern unter*, 1 Petrus 3,1f / *Dann seid ihr untadelig*, Philipper 2,15f / *Ihr Männer, liebet eure Frauen*, Kolosser 3,18 / *Diese Liebe ist langmütig*, 1 Korinther 13,4–7 / *Es bleiben ja Glaube, Hoffnung und Liebe*, 1 Korinther 13,13f / *Der Gott des Friedens heilige euch*, 1 Thessalonicher 5,23f / *Getreu ist Gott*, 1 Thessalonicher 5,24

Die Gnade wird es vollenden

Zu einer Primiz

Wir bringen als das Volk der Erlösten in Jesus Christus das Opfer des Neuen Bundes auf den Altären der Kirche dar. Wir können auch an diesem Tage nicht mehr tun, als was wir immer tun. Denn es geschieht das Höchste, das einer eigentlichen Steigerung nicht fähig ist: es wird in unserer Mitte gegenwärtig der Herr aller Zeiten, das Herz der Welt, und die Tat seiner Liebe, die die Sterne bewegt und alles hineinnimmt in die Herrlichkeit Gottes. Und doch geschieht am Primiztag ein besonderes Opfer der ewigen Danksagung. Denn wir feiern die Stunde, da ein Mensch, geweiht zum Priester Jesu Christi, zum ersten Male das tut, was er nun in einer erhabenen, göttliche Monotonie alle Tage seines Lebens tun soll, bis einmal sein Leben ganz hineinverzehrt ist in jenes Opfer, das er täglich feiert und in dessen Annahme alle irdische Wirklichkeit allein ihre Annahme findet bei der unendlichen Majestät Gottes.

Warum feiern wir diesen Tag? Veranlaßt die Kirche ihre Gläubigen, gewissermaßen Vorschußlorbeeren einem jungen Menschen zu geben, der noch nichts getan hat, als Gott sein Herz und sein Leben anzubieten, während doch erst das vollbrachte Opfer gerühmt werden darf? Nein, wir feiern keinen Menschen. Wir feiern nur das Priestertum Jesu Christi. Wir feiern die Kirche, die ganze Kirche aller Erlösten, Geheiligten und zum ewigen Leben Berufenen. Wir feiern sie, zu der wir alle gehören, ob wir Priester sind oder „nur" die Glaubenden und Geheiligten. Denn wir gehören alle so in dem einen Leib Christi zusammen, daß, was immer an Gnade, Würde und Macht einem zuteil wird, alle begnadigt und erhebt, daß an dem Dienst und der Berufung des einen die heilige Würde aller erscheint.

Wenn Paulus im Hebräerbrief vom Priester spricht, dann ist das erste, was er sagt, daß er aus den Menschen genommen ist. So sehr, daß selbst der ewige Hohepriester Jesus Christus, geboren aus dem Weibe, untertan dem Gesetz, pilgernd durch das Tal dieser Vergänglichkeit, der Menschensohn sein wollte, ein Mensch, in allem erfunden wie wir. Ein Mensch ist der Priester. Er ist also aus keinem anderen Holze gemacht wie ihr alle. Er ist euer Bruder. Er trägt das Los des Menschen auch weiter, nachdem die Rechte Gottes in der Hand des Bischofs auf ihm geruht hat. Das Los der Schwachen, das Los der Müden, der Mutlosen, der Unzulänglichen und der Sünder. Aber die Menschen nehmen es einem übel, wenn man im Auftrag Gottes kommt, und doch nur ein Mensch ist. Sie wollen strahlendere Boten, überzeugendere Herolde, brennendere Herzen. Sie würden gern empfangen die immer Siegreichen, die immer auf alles eine Antwort und für alles eine Hilfe haben. Furchtbare Seligkeit! Es kommen die Schwachen in Furcht und Zittern, es kommen die, die selber immer wieder beten müssen: Herr, ich glaube, hilf meinem Unglauben!, die selbst immer wieder an ihre Brust schlagen: Herr, sei mir armem Sünder gnä-

dig! Und sie verkünden doch den Glauben, der die
Welt überwindet, und bringen die Gnade, die aus
Sündern und Verlorenen Heilige und Erlöste macht.
Es kommen Menschen. Sie kommen und sagen durch
ihr armes Menschentum: seht, solcher, wie wir es
sind, erbarmt sich Gott, seht, den Armen und Dum-
men, den Verzweifelten und Sterbenden ist der Stern
der Gnade aufgegangen. Sie sagen als die menschlichen Boten des ewigen Gottes: ärgert euch nicht an
uns! Wir wissen, daß wir den Schatz Gottes in irde-
nen Gefäßen tragen, wir wissen, daß unser Schatten
immer wieder das Licht Gottes verdunkelt, das wir
euch bringen sollen. Seid mit uns barmherzig, richtet
nicht, habt Mitleid mit der Ohnmacht, auf die Gott
seiner Gnade Überlast gelegt hat. Nehmt es als Verheißung für euch selbst, daß wir Menschen sind. Erkennt daraus, daß Gott kein Grauen vor den Menschen hat. Ihr werdet einmal vor euch selbst Angst
haben und Entsetzen, wenn ihr auch an euch erfahren
habt, was der Mensch ist und was in ihm. Selig dann
ihr, die ihr euch nicht geärgert habt am Menschen im
Priester. Er ist ein Mensch, damit ihr glaubt, daß Gottes Gnade dem Menschen, dem armen und wirklichen Menschen zuteil werden kann.

E s ist etwas Unheimliches und Seliges zugleich um
die Wahrheit Gottes. Sie ist ganz einfach und sie
macht nicht so schnelle Fortschritte wie die Wahrheit
der Menschen, die so gescheit werden, daß sie es zu-
letzt zu Atombomben bringen. Die Wahrheit Gottes

steigt oft in die Herzen der Menschen, ohne daß sie
es wissen; sie scheint nur in einem kleinen Stück gekommen, zum Beispiel in schweigender Demut des
Herzens, einer namenlosen Sehnsucht des Geistes, in
der Ergebenheit, mit der einer die schweigende Verfügung des Schicksals annimmt, die sich nicht aus-
weist. Aber wenn sie so klein kommt in der Kraft des
heiligen Geistes Gottes, dann ist sie doch ganz da
und in ihr auch schon der Aufgang der Liebe und des
ewigen Lebens. Aber all diese schlichte eine Wahrheit
Gottes, in der Gott sich selbst in das innerste Herz
des Menschen hineinsagt, ist die Wahrheit, die in der
Welt anwesend ist, weil sie ausgeronnen ist aus dem
durchbohrten Herzen des Christus Gottes. Und
darum will diese Wahrheit Fleisch werden im
menschlichen Wort, sie will eingehen in alle Gedanken und Worte der Menschen, sie will zum immer-
während enden Thema einer unendlichen Symphonie werden, die durch alle Räume des Kosmos braust; sie
will ausgelegt und verkündet werden, sie will auch
durch die Tore der Ohren ins Herz der Menschen
steigen, sie will aus den Herzen der Menschen, ihrem
innersten Gemach, herauf- und emporsteigen, damit
sie auch eindringe in alle Lebensbezirke der Menschen, von allen Dächern gepredigt werde, richtend
und reinigend, erlösend und erfüllend sich verbinde
mit aller menschlichen Wahrheit. Und darum gibt es
Boten dieser Wahrheit, menschliche Boten. Sie kommen mit menschlichem Wort. Aber es ist gefüllt mit
der göttlichen Wahrheit. Und sie sagen das, was uralt
und doch immer noch nicht begriffen ist, sie sagen
die Wahrheit, die allein nicht welkt und allein sich
nicht verbraucht und abnützt. Sie sagen Gott: Gott

der ewigen Herrlichkeit, Gott des ewigen Lebens; sie sagen, daß Gott selbst unser Leben ist, sie rufen, daß der Tod nicht das Ende, daß die Schlauheit der Welt Torheit ist und Kurzsichtigkeit, daß es ein Gericht, eine Gerechtigkeit und ein ewiges Leben gibt. Sie sagen immer dasselbe. Monoton zum abertausendsten Mal. Sie sagen es sich selbst und den anderen; denn beide müssen bekennen, daß beide es immer noch nicht begriffen haben, was da gepredigt wird: Gott, der lebendige Gott, der wahre Gott, der offenbar gewordene Gott, Gott der Vater unseres Herrn Jesus Christus, Gott, der die eigene Unendlichkeit in unser Herz hinein verschwendet, ohne daß wir es merken, Gott, der unsere höllische Vergänglichkeit zum Anbruch des ewigen Lebens macht – und wir wollen es nicht glauben. Das sagen diese Boten. Darüber haben sie studiert und meditiert; um das selbst in den kleinen Geist und das enge Herz hineinzubringen, die sie selber sind, haben sie sich oft verzweifelt bemüht. Sie sind damit auch noch nicht fertig. Sie sind auch noch immer Lehrlinge Gottes. Und doch heißt sie Gott, anzufangen zu reden von dem, was sie selber nur halb begriffen haben. Und so fangen sie an. Sie stottern, sie sind verlegen, sie wissen, wie das alles, was sie auszurichten haben, im Munde eines Menschen so seltsam, so unwahrscheinlich klingt. Aber sie gehen und reden. Und o Wunder, sie finden sogar Menschen, die aus ihrem seltsamen Reden das Wort Gottes heraushören, in deren Herz das Wort hineindringt, richtend, erlösend und beseligend, tröstend und Kraft in der Ohnmacht spendend, obwohl *sie* es sagen, obwohl sie die Botschaft schlecht ausrichten. Aber Gott ist mit ihnen. Mit ihnen trotz ihrer Jämmerlichkeit und Sündigkeit. Sie predigen nicht sich, sondern Jesus Christus, sie predigen in seinem Namen. Sie sind bis ins Herz hinein beschämt, daß er gesagt hat: „Wer euch hört, hört mich, wer euch verachtet, verachtet mich." Aber er hat es eben gesagt. Und so gehen sie und reden. Sie wissen, daß man dabei ein tönendes Erz und eine klingende Schelle sein kann und selbst verloren gehen kann, nachdem man anderen gepredigt hat. Aber sie haben sich nicht selbst ausgewählt. Sie sind berufen und gesandt. Und so müssen sie eben gehen und predigen. Gelegen und ungelegen. Sie gehen über die Äcker der Welt und streuen den Samen Gottes. Sie sind dankbar, wenn weniges davon aufgeht. Und sie erflehen das Erbarmen Gottes für sich selbst, damit nicht zuviel durch ihre eigene Schuld unfruchtbar bleibe. Sie säen unter Tränen. Und meist erntet ein anderer, was sie gesät haben. Aber sie wissen: das Wort Gottes muß dahineilen und Frucht bringen, denn es ist Gottes selige Wahrheit, das Licht der Herzen, der Trost im Sterben und die Hoffnung des ewigen Lebens.

D as Wort, das Gott dem Priester in den Mund legte, ist nicht bloß ein allgemeines Wort, das ins Unbestimmte hinein gesprochen wird. Es ist Gottes Wort, darum soll es auch den einzelnen in seiner einmaligen Individualität und seiner einmaligen Geschichte treffen. Dem einzelnen soll es gesagt werden: am Morgen seines Lebens, wenn er beginnt, in der Zeit eine Ewigkeit zu schaffen; an den vielen Alltagen seines Pilger-

weges, an denen er sich mühsam durch alle Täler und
Irrungen eines Menschenlebens hindurchsuchen muß;
in den toten Verzweiflungen der Schuld; in jenem heiligen Augenblick, da es so aussieht, als solle nun für immer aus der Fülle der sterbenden Zeit die Frucht der
Ewigkeit im Tode hervortreten. In solchen Augenblik-
ken soll der Priester das Wort Gottes sagen, das
mächtige und schöpferische Wort, das Wort, das
nicht redet, sondern wirkt, das sakramentale Wort:
Ich taufe dich, ich spreche dich los von deinen Sünden, das ist mein Leib – solche Worte, in der Person
Christi gesprochen, sagt der Priester in die konkrete
Situation des Menschen hinein. Und sie bringen mit,
was sie proklamieren, sie bewirken, was sie künden,
weil es Gottes Worte sind. Bei diesen sakramentalen
Worten ist der Priester der ganz Entmächtigte und
der ganz Machtvolle, weil es gar nicht mehr seine
Worte sind, und ganz die Worte Christi. Aber er darf
sie sagen. Immer wieder sagen. Geduldig, glaubend,
unverdrossen sagen. Alle anderen Worte, die er sonst
in der Predigt und in der Unterweisung sagt, sind nur
wie ein Echo, eine Auslegung, ein Kommentar, die zu
diesen Urworten seines priesterlichen Daseins hinzugefügt werden, die er spricht in der Spendung der Sakramente, indem er sie begleitet mit heiligem Gestus,
der die armen Elemente der Erde benutzt, um die Seligkeit des Himmels in sie hineinzubergen, indem er
sie befruchtet mit dem Worte Christi. So mit dem
wirksamen Worte Christi begnadet, spendet er die
Mysterien Christi, die Sakramente. Die Menschen
wollen meistens etwas anderes von ihm: Brot, die Lösung der sozialen Frage, Rezepte, wie man auf dieser
Erde glücklich werden könne. Sie sind ärgerlich und

gelangweilt, wenn man ihnen immer wieder nur die
Worte sagt, die man *glauben* muß, die nur in die Ewigkeit Gottes hineinwirken, deren Wert nicht gehandelt
wird auf den Märkten der Welt. Der Priester aber
spricht sein Wort weiter, das Wort der Sakramente.
Was sie wirken, kann man nicht nachweisen in den
Laboratorien der Menschen, die nur das als wirklich
erkennen wollen, was da auftritt. Aber es wirkt. Und
so beginnen auf sein Wort hin die Schicksale der Kinder Gottes, es wird die Vergebung der Sünden, es
wird gefeiert das Gastmahl des ewigen Lebens, es
quillt aus der dunklen Tiefe des Todes das Licht, das
nie mehr untergeht. Mit der Gabe, dem Angebot der
Mysterien Gottes steht der Priester wie ein Weltfrem-
der an den Straßenecken, an denen der endlose Zug
der Menschen und ihrer Geschichte vorbeihastet,
man weiß nicht recht, ob zum Tode oder zum Leben
eilend. Wer einhält, wer das Angebot dieses Wande-
rers zwischen zwei Welten, der der Priester ist, annimmt, der empfängt die Geheimnisse Gottes, für
den geschieht in der Zeit Ewigkeit, aus Tod Leben,
aus Finsternis Licht und die lautere Gegenwart Gottes. Und den, der solche Worte sakramentaler Gegenwart und Wirksamkeit des lebendigen Gottes im
Raum der heiligen Kirche in die immer einmalige Situation des einzelnen hineinsprechen darf, den nennen wir den Priester.

H aben wir nun schon begonnen, von dem Werk des
Priesters in der Welt zu sprechen, so müssen wir
noch ausdrücklicher als bisher auf das Geheimnis eingehen, das im Leibe der Kirche dem Herzen vergleich-
bar ist, sofern es im gleichmäßigen Pulsschlag den
einzelnen Gliedern die Nährkräfte des Blutes zuführt.
Der Priester ist der Mensch, dem das Opfer der Kirche,
die liturgische Wiederholung des Abendmahles Christi, anvertraut ist, und weil das nun eben doch das Innerste und Letzte im priesterlichen Dasein ist, darum
feiern wir den Beginn eines solchen Lebens nicht damit, daß er zum ersten Male tauft oder das Wort der
Schuldvergebung spricht, sondern dadurch, daß er zum
ersten Mal das Opfer der Altäre feiert und wir mit ihm.
Hier in solcher Stunde ist alles gesammelt: die Menschen, die Kirche, Gott, Christus, das Opfer des
Kreuzes, die Lebenden und Verstorbenen, die Not
der Erde und die Seligkeit des Himmels. Denn hier
ist der erhöhte Herr inmitten seiner Gemeinde, der
Gemeinde der Geheiligten und Erlösten, die der Priester, beauftragt von Christus selbst, in einer Vollmacht, die von oben und nicht von unten stammt,
hinführt vor den Thron der Gnade, damit diese Gemeinde den durch das Wort des Priesters gegenwärti-
gen Herrn als das Opfer dieser ganzen Kirche dem
ewigen Vater darbiete zum Lobe seines Namens, und
zum Heile aller, die dieses Opfer feiern und deren
man darin in Liebe und Treue gedenkt. Von Christus,
der seine Kirche liebt und ihr sein eigenes Opfer geschenkt hat, selbst bevollmächtigt, darf der Priester
im Namen aller, mit allen und für alle das Opfer ewiger Versöhnung feiern. Und wenn er in dieser Berufung am meisten über alle anderen von Gott empor-

gehoben ist, dann ist er auch am meisten hineinverzehrt und hineinverbraucht in einen reinen Dienst bei
Gott für die Menschen. Er darf in dieser Stunde den
Leib des Herrn tragen und den Kelch des Heiles ergreifen, der gefüllt ist mit dem Lösepreis der Welt –
nicht damit er, der Priester, erhoben sei, sondern damit Heil werde allem Volke Gottes. Was er an seinem
Primiztag tut unter der Freude der anderen, das wird
er alle Tage tun. Alle Tage in der Jugend und im Alter, an den grauen Morgen des Alltags und in den
schrecklichen Stunden, die keinem Leben erspart werden. Immer wird diese kleine arme Feier aller Rätsel
des Daseins Lösung enthalten: den Leib, der dahingegeben wurde, und das Blut, das ausrann zur Vergebung der Schuld. Immer wird alles in dieser kleinen
halben Stunde zusammenenthalten sein, denn hier ist
derjenige als der Geopferte und Siegreiche zugegen,
der in sich die wirkliche Einheit des Rätsels und seiner Lösung ist, die Einheit von Erde und Himmel, die
Einheit von Mensch und Gott in der Feier jenes einen
Augenblicks, in welchem am Kreuze die äußerste Ent-
fernung zwischen beiden die untrennbare Nähe
wurde.

M ensch ist der Priester, Bote der Wahrheit Gottes,
Ausspender der göttlichen Geheimnisse, Täter
der Gegenwart des einen Opfers Christi. Seliges Los!
Zwar hat jeder Mensch seine Berufung von Gott, sein
ihm von Ewigkeit zugemessenes Los, seinen Auftrag
auch im Leibe Christi, der die Kirche ist. Es gibt kein

profanes Dasein, bei keinem. Aber was bei den meisten
fast nur die Wirklichkeit Gottes in der Tiefe ihres innersten Gewissens und der verschwiegenen Heimlichkeit
ihrer privaten Sphäre ist, das dringt beim Priester, von
Gott gerufen, aus dieser Tiefe empor und erfaßt alle Be-
reiche seines Lebens. Gott soll alles daran verzehren
oder in seinen eigenen herrlichen und herrischen
Dienst zwingen. Dies ist das Los des Priesters: ganz in
der ausdrücklichen Nähe Gottes zu wohnen. Ein seliges und furchtbares Los zugleich. Selig, weil Gott allein
die Seligkeit ist, furchtbar, weil es der Mensch nur
schwer aushält inmitten dieses schrecklichen Glanzes
Gottes. Kein Wunder also, daß das erhabenst Ge-
plante auch immer das Fragmentarischste bleibt. Kein
Wunder, daß die hohe Berufung auch die Gefahr der
tiefsten Abstürze in sich birgt, die Gefahr, daß der
Priester meint, kein Mensch mehr sein zu müssen,
die Gefahr der Mitleidlosigkeit mit den Menschen,
der Verdorrung der menschlichen Substanz, die Gefahr der Flucht von Gott weg in die vertrautere Nähe
der Menschen, die Gefahr des erbärmlichen Kompro-
misses, des Versuches, durch billige Mittelmäßigkeit
mit der Überforderung des priesterlichen Daseins fertig zu werden. Wenn man dieses selige und furchtbare Los des Priesters erwägt, dann könnte man
betroffen werden, wie erschreckt an einem solchen
Fest verstummen, weil da begonnen wird, was kein
Mensch allein vollenden kann. Aber wir getrösten
uns der Gnade Gottes; sie, nicht wir, wird vollenden,
was sie begonnen hat. Denn getreu ist der, der den
Priester berufen hat, und seine Gnadengaben sind
ohne Reue. Wir aber wollen in dieser Feier des heiligen Opfers beten für die Kirche auf Erden, daß Gott

Arbeiter in seine Ernte sende, denn der Arbeiter sind wenige – beten für unsere Priester, daß sie anfangen in der Furcht und Freude des Herrn und beharren in treuem Dienste bis an das selige Ende, dem wir alle entgegenharren, wo aller Berufungen seliges und eines Ende ist, in der unendlichen Opferfeier der Ewigkeit, da der Sohn und wir in ihm alles dem Vater übergeben, damit sei Gott alles in allem.

Karl Rahner

Gebete des Lebens

„Diese Gebete, in denen sich Karl Rahner selbst ganz einbringt, sind für den Leser Glaubenszeugnis, Glaubenshilfe und Ermutigung zum Wagnis des Glaubens. Sie empfehlen sich daher allen Christen, gleich welcher Konfession, und sie sind zweifellos eine Bereicherung für diejenigen, die sich mit dem Theologen Karl Rahner beschäftigen." (Katholische Nachrichten-Agentur, Bonn)

„Karl Rahner lauscht seine Gebete dem Alltag ab, er steht für Gerechtigkeit und Brüderlichkeit ein, lobt und preist den Herrn, weist auf das Elend der Sünde hin, setzt sich für den Frieden ein. Er ist ein Mystiker, der beide Füße auf dem Boden stehen hat. Das verleiht seinen Gebeten eine zeitgenössische spirituelle Dimension. Ein wichtiges Buch." (L'Alsace)

5. Auflage, 208 Seiten, gebunden
ISBN 3-451-20091-0

Verlag Herder Freiburg · Basel · Wien

Karl Rahner – Bilder eines Lebens

herausgegeben von Paul Imhof und Hubert Biallowons

Die erste Bildbiographie über einen der bekanntesten katholischen Theologen der Gegenwart. Das Buch gibt einen umfassenden Überblick über Leben und Werk Karl Rahners und zeichnet die entscheidenden Züge seiner Entwicklung nach. Aus dem Neben- und Ineinander von Bild und Text entsteht das Portrait eines Theologen, der wie kaum ein zweiter die Kirche und die Theologie der Gegenwart beeinflußt und geprägt hat.
Ein Schwerpunkt des Bandes liegt auf den Fotos, die zum großen Teil bisher unveröffentlicht geblieben sind. Kurze biographische Abschnitte sowie eine Auswahl von ebenfalls bisher unbekannten Dokumenten, Briefen und Urkunden bezeugen das immense theologische Schaffen Karl Rahners.
Einen ganz persönlichen Charakter erhält das Buch durch die kurzen Erinnerungstexte, die Freunde, Kollegen und Schüler Karl Rahners geschrieben haben. Gerade in diesen Erinnerungen wird deutlich, wie sehr Karl Rahner vielen Menschen nicht nur ein großer theologischer Lehrer war, sondern Freund, Berater und Vorbild.

160 Seiten, mit 64 Fotoseiten, gebunden
ISBN 3-451-25058-X

Verlag Herder Freiburg · Basel · Wien
Benziger Verlag Einsiedeln · Zürich